TÍTOL ORIGINAL: *Die Stimmen von Marrakesch*

Comte Borrell, 51, 3r 1a, 08015 Barcelona
Tel.: 934 438 225 · info@editorialflaneur.cat

Impressió: Impremta Pagès
Disseny i maquetació: Cocu
El disseny del logotip de Flâneur és de Cocu; la il·lustració és de Dani Vergés
Fotografia de la coberta: venedor de melons a Samarcanda, Serguei Prokudin-Gorski
Correccions: Jordi Ferré

La traducció d'aquest llibre ha comptat amb un ajut del Goethe-Institut.

GOETHE INSTITUT

Generalitat de Catalunya
Departament de Cultura

GRUP CONFITERIA

Les veus de Marràqueix

Notes d'un viatge

Elias Canetti

Traducció d'Anna Soler Horta

FLÂNEUR. Barcelona 2022

Per a Veza Canetti

TROBADES AMB CAMELLS

Tres vegades, vaig trobar-me amb camells, i cada vegada va acabar d'una manera tràgica.

—T'he d'ensenyar el mercat de camells —em va dir el meu amic poc després de la meva arribada a Marràqueix—. El fan els dijous al matí, davant la muralla, al costat de la Bab al-Khamís. Cau una mica lluny, a l'altra banda de les muralles de la ciutat, serà millor que t'hi dugui en cotxe.

Va arribar el dijous i ens hi vam dirigir. Era tard; quan vam ser a la gran plaça de davant la muralla, ja era migdia. La plaça estava pràcticament buida. A l'altre extrem, a uns dos-cents metres de nosaltres, hi havia un grup de persones, però no s'hi veia ni un camell. Aquella gent comerciava amb ases, i d'ases la ciutat n'estava plena; carretejaven tota mena de feixos i els maltractaven tant que feia perdre les ganes de mirar.

—Hem fet tard —va dir el meu amic—. El mercat de camells ha plegat fa estona. —I va conduir fins al centre de la plaça per demostrar-me que no hi havia res més a veure.

Però abans que s'aturés, vam veure una munió de gent que es dispersava a correcuita. Al mig hi havia un camell dret sobre tres potes, la quarta la hi havien lligat enlaire. Duia un morrió vermell, una corda li travessava els narius i un home que se'n mantenia a una certa distància intentava fer-lo avançar. L'animal caminava un tros endavant, es parava i de cop saltava enlaire amb les tres potes. Els seus moviments eren tan inesperats com inquietants. L'home que havia de menar-lo desistia cada vegada del seu propòsit; tenia por d'apropar-s'hi massa i no estava segur de com reaccionaria. Però després de cada ensurt tornava a estirar la corda, i així, molt a poc a poc, l'arriava en una direcció determinada.

Ens vam aturar i vam abaixar la finestreta del cotxe; un estol de nens pidolaires va rodejar-nos, per sobre de les seves veus mendicants sentíem els xiscles del camell. De sobte l'animal va saltar de costat amb tanta força que a l'home que el guiava la corda se li va escórrer dels dits. Les persones que no gosaven acostar-s'hi van arrencar a córrer, esperitades. L'atmosfera que envoltava el camell estava carregada de por; el més esporuguit de tots era ell mateix. El guia va córrer un tros al seu costat i amb una esgarrapada va agafar la corda, que reptava per terra. El camell va saltar de costat fent un moviment ondulant, però no va aconseguir deixar-se anar; l'home el tenia ben agafat.

Un individu en qui no havíem parat atenció va aparèixer darrere els nens que rodejaven el cotxe, els va fer fora i ens va explicar, en un francès xampurrejat:

—El camell té la ràbia. És perillós. El duen a l'escorxador. S'ha d'anar molt alerta —va dir, i va adoptar un posat seriós. Entre cada una de les frases se sentien els esgarips de l'animal.

Li vam donar les gràcies per la informació i ens en vam anar, capcots. Els dies següents vam parlar sovint del camell rabiós, els seus moviments desesperats ens havien produït una impressió molt forta. Havíem anat al mercat de camells amb l'esperança de trobar-hi centenars d'aquests animals manyacs i curvilinis. Però a la plaça només n'hi havíem trobat un d'estintolat sobre tres potes, lligat, en l'agonia, i mentre ell lluitava per la seva vida, nosaltres ens havíem escapolit.

Uns quants dies després vam passar a la vora d'un altre sector de la muralla. Vesprejava, la claror vermella reflectida al mur s'extingia de mica en mica. Vaig contemplar el mur tanta estona com vaig poder i em vaig adelitar amb el canvi gradual dels colors. Aleshores vaig distingir en la seva ombra una gran caravana de camells. La majoria s'havien agenollat, uns altres estaven drets; tot d'homes amb turbant anaven i venien entre ells, atrafegats però tranquils, era la imatge de la pau i del crepuscle. El color dels camells es confonia amb el de la muralla. Vam baixar del cotxe i ens vam ficar entre els animals. Agrupats en dotzenes, estaven agenollats al voltant de piles de farratge. Estiraven el coll, es ficaven el farratge a la boca, tiraven el cap enrere i mastegaven tranquil·lament. Els vam mirar amb molta atenció i vam veure que tenien cara. S'assemblaven entre ells i alhora eren molt diferents. Feien pensar en aquelles velles dames angleses que prenen el te amb gran dignitat i visiblement avorrides, però que no poden dissimular la malícia amb què guaiten el que tenen al voltant.

—És pastat a la meva tia —va dir el meu amic anglès, a qui vaig fer notar amb discreció la semblança amb els seus compatriotes, i de seguida hi vam descobrir altres coneguts.

Estàvem satisfets d'haver trobat aquella caravana de la qual no ens havia parlat ningú i en què vam comptar cent set camells.

Un noiet se'ns va atansar i ens va demanar una moneda. Tenia la pell de la cara d'un blau fosc, com la roba que duia; guiava la bandada de camells i del seu aspecte vam deduir que era un dels «homes blaus» que habiten el sud de l'Atles. Ens havien explicat que el color dels vestits els tenyeix la pell, i és per això que tots, tant homes com dones, són blaus, l'única raça blava. Vam intentar esbrinar alguna cosa sobre la caravana del nostre jove guia, que estava agraït per la moneda que li havíem donat. Però tot just sabia quatre paraules de francès: ens va dir que venien de Guelmim i que havien tardat vint-i-cinc dies. Això va ser tot el que vam ser capaços d'entendre. Guelmim era molt al sud, al desert, i ens vam preguntar si la caravana havia travessat l'Atles. També ens hauria agradat saber cap on anaven, perquè era impossible que el viatge s'acabés allà, al peu de les muralles de la ciutat; més aviat semblava que els animals recuperaven forces per a futures fatigues.

El noiet blau fosc, que no ens sabia dir res més, ens va voler complaure i va conduir-nos a un vell alt i prim que duia un turbant blanc i tothom tractava amb respecte. Parlava bé el francès i va respondre a les nostres preguntes amb fluïdesa.

Ens va confirmar que la caravana venia de Guelmim i que feia vint-i-cinc dies que estaven de camí.

—I ara cap on van?

—No van enlloc —va dir el vell—. Els vendran aquí, per a l'escorxador.

—L'escorxador?

No ens en sabíem avenir; el meu amic i tot, que al seu país és un gran aficionat a la caça, estava trasbalsat. Vam pensar en el llarg viatge que havien fet els animals; en la seva bellesa a la claror del capvespre; en la seva ignorància; en el seu àpat tranquil, i potser també en les persones que ens havien recordat.

—L'escorxador, sí —va repetir el vell; la seva veu tenia un deix de ganivet esmussat.

—Mengen gaire carn de camell, aquí? —vaig preguntar. Mirava d'amagar la meva consternació amb preguntes objectives.

—Moltíssima!

—És bona? No n'he menjat mai.

—Que no n'ha menjat mai, diu? —L'home va fer un somriure burleta però contingut i va repetir:— Que no n'ha menjat mai?

Era evident que pensava que no ens havien servit altra cosa que carn de camell; ens mirava amb un aire de superioritat, com si menjar-ne fos una obligació.

—És molt bona —va dir.

—I quant val un camell?

—Això depèn. De trenta mil a setanta mil francs. Els ho puc ensenyar, s'hi ha d'entendre. —Ens va conduir a un exemplar magnífic de pèl clar i el va tocar amb un bastonet en què no havia parat esment.— És un bon animal, aquest. Val setanta mil francs. El seu amo el feia servir per muntar. Encara li podria ser útil uns quants anys més. Però prefereix vendre-se'l. Amb els diners que en tregui, pot comprar dos camells joves, ho entenen?

Ho enteníem perfectament.

—Ha vingut amb la caravana de Guelmim, vostè? —li vaig preguntar.

El vell va rebutjar la suposició amb un cert enuig.

—Jo soc de Marràqueix —va afirmar amb orgull—. Compro animals i els venc als escorxadors. —No sentia sinó menyspreu pels homes vinguts de tan lluny, i referint-se al nostre jove cameller blau, va dir:— No sap res, aquest.

Llavors va voler saber d'on érem nosaltres, i tots dos vam dir, per simplificar:

—De Londres.

Ell va somriure, una mica contrariat.

—Vaig fer la guerra a França —va dir. Per l'edat vam entendre que es referia a la Primera Guerra Mundial—. Al bàndol dels anglesos... No m'hi avenia gens, amb ells —va afegir com de passada, més fluix—. Però avui la guerra ja no és el que era. Ja no és l'home qui compta, la màquina ho és tot. —I encara va dir una altra cosa, en un to resignat:— Això ja no és guerra ni és res.

Nosaltres li vam donar la raó i va semblar que amb això ens perdonava que fóssim anglesos.

—Ja els han venut tots, els animals? —vaig preguntar jo, insistent.

—No. No es poden vendre tots. Els que queden se'ls enduran a Settat. Saben on és, Settat? Anant cap a Casablanca, a cent seixanta quilòmetres d'aquí. És on hi ha l'últim mercat de camells. Els que quedin es vendran allà.

Li vam donar les gràcies per les explicacions. Ell ens va acomiadar sense gaires miraments. No vam tornar a barrejar-nos entre els camells, ens n'havien passat les ganes. Començava a fer-se fosc quan vam abandonar la caravana.

La imatge dels animals no em deixava de petja. Hi pensava amb recança, però també com si els hagués conegut feia temps. El record del seu últim àpat se'm confonia amb la conversa sobre la guerra. Ens manteníem ferms en la idea d'anar al mercat de camells el dijous següent. Vam acordar sortir de bon matí, amb l'esperança que aquesta vegada rebríem una impressió menys sinistra de la seva existència.

Vam tornar a la porta d'Al-Khamís. No hi vam trobar gaires animals: es perdien en la vastitud de la plaça, que devia costar d'omplir. En un costat hi havia els ases, com l'altra vegada. No ens hi vam apropar, vam quedar-nos amb els camells, repartits en grups de tres o quatre; se'n veia algun de jove tot sol amb la seva mare. Al principi ens van semblar molt calmats. Els que feien fressa eren els grups d'homes que regatejaven animadament. Tot i així, ens va fer l'efecte que els mateixos homes no es refiaven d'alguns dels animals; no s'hi acostaven gaire, o només si era realment necessari.

Al cap d'una estona vam veure un camell que semblava defensar-se contra alguna cosa, grunyia, bramulava i girava el cap amb violència i en totes direccions. Un home intentava fer-lo agenollar, i com que l'animal no l'obeïa, el tractava a cops de bastó. Entre les dues o tres persones més que maldaven per contenir l'animal, n'hi havia una que destacava especialment: era un home fort i cepat, de cara fosca i cruel. Estava palplantat a l'esplanada amb les cames arrelades a terra. Movent els braços amb energia, va passar una corda per la paret nasal del camell, que abans havia perforat. El morro i la corda es van tenyir d'un vermell de sang. El camell s'estremia i xisclava i va començar a bramar molt fort; al final, després d'haver-se agenollat, va tornar a saltar i va provar d'alliberar-se, mentre l'home estirava la corda cada cop amb més força. La gent feia tots els possibles per dominar-lo, i encara no ho havien aconseguit del tot quan algú se'ns va atansar i ens va dir, xampurrejant el francès:

—En sent l'olor. Sent l'olor del matancer. L'han venut per matar-lo. Ara el porten a l'escorxador.

—Què vol dir que «en sent l'olor»? —va preguntar el meu amic, incrèdul.

—Aquell de davant seu és el matancer —va dir l'home assenyalant l'individu corpulent i de pell fosca que ens havia cridat l'atenció—. Ve de l'escorxador i fa olor de sang de camell. Al camell no li agrada, això. Un camell pot ser molt perillós. Quan té la ràbia, ve de nit i mata la gent que dorm.

—Com, que mata la gent? —li vaig preguntar.

—Quan dormen, ve el camell, s'agenolla damunt seu i els ofega. S'ha de vigilar molt. No tenen temps de despertar-se, moren ofegats. El camell té el nas molt fi. De nit, quan jeu prop de l'amo, flaira els lladres i l'avisa. La carn és bona. Va bé menjar-ne. *Ça donne du courage.* Al camell no li agrada estar sol. Tot sol no va enlloc. Quan un home vol dur el seu camell a la ciutat, n'ha de buscar un altre que els hi acompanyi. N'ha de manllevar un altre; si no, no pot dur-lo a la ciutat. No vol estar sol. Vaig ser a la guerra, jo. Em van ferir, mirin, aquí —va dir assenyalant-se el pit.

El camell s'havia calmat una mica i per primera vegada vaig dirigir la vista cap al meu interlocutor. Tenia el pit enfonsat i el braç esquerre enrigidit. L'home m'era familiar. Era baix i prim i tenia un posat greu. Em preguntava on el devia haver vist.

—Com es maten, els camells?

—Se'ls talla la jugular. S'han de dessagnar. Si no, no se'n pot menjar la carn. Un musulmà no se'n pot menjar la carn, si no l'han dessagnat. No puc treballar, jo, per la ferida. Per això faig de guia aquí. Vaig parlar amb vostès dijous passat, se'n recorden, del camell rabiós? Jo era a Safi quan van desembarcar els americans. Vam lluitar un temps contra els americans, però no gaire, poc després em van admetre a l'exèrcit americà. Hi havia molts marroquins. Amb els americans vaig anar a Còrsega i a Itàlia. Vaig anar a tot arreu. L'alemany és un bon soldat. El pitjor de tot va ser el Casino. Allò sí que va ser perillós. És on em van ferir. Hi han estat, al Casino?

Vaig tardar un moment a entendre que es referia a Montecassino. Em va descriure els combats cruents que hi van tenir lloc, i mentre parlava, l'home, de natural calmós i assossegat, va acalorar-se tant com si parlés dels instints criminals dels camells embogits. Era una persona honesta, es creia el que explicava. Però havia ullat un grup d'americans entre els animals i s'hi va encaminar corrents. Es va esfumar tan de pressa com havia aparegut; m'era igual, perquè havia perdut de vista i d'oïda el camell, que ja no bramava, i el volia tornar a veure.

El vaig trobar de seguida. El matancer se n'havia desentès i l'animal tornava a estar agenollat. De tant en tant batzegava el cap. Anava empastifat de la sang dels narius. Vaig sentir una mena de gratitud pels pocs moments enganyosos durant els quals el deixaven respirar. Però no el vaig poder mirar gaire estona, perquè en coneixia el destí, i me'n vaig anar.

El meu amic s'havia escapolit durant el relat del guia, havia anat a l'encalç d'uns anglesos que havia vist. El vaig buscar fins que vaig trobar-lo a l'altra banda de la plaça, entre els ases, on potser se sentia menys incòmode.

Durant la resta de l'estada a la ciutat vermella no vam tornar a parlar de camells mai més.

ELS SOCS

Són olorosos, els socs, frescos i bigarrats. La flaire, que sempre és agradable, varia gradualment segons la naturalesa de les mercaderies. No s'hi llegeixen noms ni rètols, no hi ha vidres. Tot el que es ven està exposat. No se sap mai quant costaran els productes, no estan marcats amb el preu i els preus no són fixos.

Totes les parades i les botigues on es ven el mateix estan a tocar les unes de les altres, en grups de vint, trenta o més i tot. Hi ha un basar dedicat a les espècies i un altre als articles de cuiro. Els corders tenen el seu lloc i els cistellers el seu. Alguns venedors de catifes disposen d'espaioses sales de volta; hi passes per davant com si fos una ciutat a part i et conviden repetidament a entrar-hi. Els joiers es reparteixen al voltant d'un pati especial, en moltes de les botiguetes s'hi veuen homes treballant. S'hi troba de tot, però sempre repetit.

La bossa de cuiro que busques està exposada en vint botigues diferents, i cada una d'aquestes botigues està tocant a les altres. Hi ha un home assegut a la gatzoneta enmig de les seves mercaderies. Té tots els articles a mà, no disposa de gaire espai. Amb prou feines s'ha de moure per abastar les bosses, sigui la que sigui, i només s'aixeca per cortesia, si és que l'edat li ho permet. A la botigueta del costat el venedor, que no s'assembla gens al veí, seu enmig dels mateixos articles. Això és així al llarg d'un centenar de metres, a banda i banda del passatge cobert. És, per dir-ho d'alguna manera, com si tots els objectes de cuiro que conté aquest basar, el més gran i més famós de Marràqueix, de tot el sud del Marroc, se'ns oferissin a la vegada. En aquesta exhibició hi ha molt d'orgull. Se'ns mostra el que es pot fabricar, però també en quina quantitat es fabrica. Sembla com si les mateixes bosses sabessin que són la riquesa i es presentessin, bellament disposades, als ulls dels passants. No seria gens estrany que tot d'una, a l'uníson, comencessin a moure's rítmicament i ensenyessin plegades, en una dansa orgiàstica i virolada, tot el seu atractiu i poder de seducció.

El sentiment gremial d'aquests objectes, units entre ells i separats de tota la resta, és recreat pel transeünt, segons l'humor de què estigui, cada cop que passeja pels socs. «Avui m'agradaria anar al basar de les espècies», es diu a ell mateix, i la barreja meravellosa d'olors li puja pel nas i veu davant seu les grans paneres plenes de pebre vermell. «Avui tinc ganes de veure les llanes tenyides», i heus aquí que n'hi ha de penjades a tot arreu, de porpres, blau fosc, groc de sol i negre. «Avui vull anar on venen cistells i veure com els trenen.»

És sorprenent la dignitat que adquireixen aquests objectes fets per l'home. No sempre són bonics, més i més faramalla d'origen dubtós, fabricada per màquines als països del nord, hi penetra d'esquitllada. Però la manera com es presenten continua sent l'antiga. A més de les botigues on es limiten a vendre, n'hi ha moltes on es pot veure com s'elaboren els productes. S'assisteix al procés de fabricació des del principi, i això satisfà l'observador. Perquè és propi de la nostra desoladora vida moderna el fet de rebre a casa, llestos per fer-los servir, tota classe d'objectes, com si sortissin d'algun aparell màgic horripilant. En canvi aquí veiem el corder ataleiat en la seva tasca i, penjades al costat, la provisió de cordes per vendre. En botigues minúscules, estols de nens, sis o set alhora, tornegen trossos de fusta i tot de joves acoblen les peces fabricades pels nens i les transformen en tauletes baixes. La llana de colors lluminosos que ens fascina es tenyeix davant nostre, i pertot veiem nanos asseguts que teixeixen gorres amb boniques sanefes de colors.

És una activitat que té lloc en públic, el que s'esdevé es *mostra* de la mateixa manera que el producte acabat. En una societat que amaga tantes coses, que oculta gelosament als estrangers l'interior de les cases, la figura i la cara de les dones i fins i tot els temples, aquesta manera tan oberta d'ensenyar el que es fabrica i es ven és doblement atractiva.

De fet, el que a mi m'interessava era conèixer el funcionament del mercadeig, però cada vegada que entrava als socs l'estesa d'articles a la venda em feia perdre de vista el meu objectiu. Considerat amb una certa ingenuïtat, resulta incomprensible per què ens adrecem a un determinat marroquiner, si al costat en tenim vint més les mercaderies dels quals amb prou feines es distingeixen de les seves. Podem anar de l'un a l'altre i tornar al primer.

No se sap mai amb antelació la botiga on anirem a comprar. Fins i tot si n'hi ha alguna que ens fa més el pes que una altra, sempre se'ns dona l'oportunitat de canviar de parer.

No hi ha res que separi el vianant dels productes exposats, ni portes ni vidres. El comerciant, assegut entre els seus articles, no exhibeix cap nom i, com ja he dit, ho té tot a l'abast de la mà. El transeünt es troba cada objecte exposat d'una manera sol·lícita. Pot tenir-lo a la mà l'estona que vulgui, en pot parlar llargament, pot fer preguntes, expressar dubtes i, si en té ganes, esplaiar-se sobre la seva història, la història de la seva estirp i la història del món sencer sense comprar res. L'home envoltat de les seves mercaderies és, per damunt de tot, una persona tranquil·la. Hi és sempre. Sempre està disposat a negociar. Té poc espai i poques possibilitats de fer gestos expansius. Pertany als seus productes tant com els productes li pertanyen a ell. Les mercaderies no es desen mai enlloc, el botiguer hi té sempre les mans i els ulls a sobre. S'estableix una intimitat seductora entre ell i els objectes que ven. Els vigila i els manté en ordre, com si fossin la seva família nombrosa.

No el molesta ni l'angoixa el fet de saber el valor exacte dels productes, perquè el manté en secret i ningú no el sabrà mai. Això dona a l'acció de mercadejar un aire de misteri apassionant. Només el venedor pot saber fins a quin punt ens acostem al seu secret, i és un expert a parar amb fermesa els cops que podrien fer perillar la distància que protegeix el valor de l'objecte.

Per al comprador és motiu d'orgull no deixar-se enganyar, però això no és una empresa fàcil, perquè sempre va a les palpentes. En països on regeix la moral del preu, on dominen els preus fixos, comprar una cosa no té res d'artístic. Qualsevol enze va a una botiga i hi troba el que necessita, qualsevol enze que sàpiga llegir les xifres pot evitar que li aixequin la camisa.

En canvi als socs el primer preu és un enigma inextricable; ningú no el sap anticipadament, ni tan sols el venedor, perquè en cada cas hi ha molts preus possibles. Cada un d'ells té relació amb una situació diferent, un comerciant diferent, una hora del dia diferent o un dia de la setmana diferent. Hi ha uns preus per a un producte sol i uns altres per a dos o més de junts. Hi ha uns preus per a estrangers que només fa un dia que són a la ciutat i uns altres per a estrangers que hi són des de fa tres setmanes. Hi ha uns preus per a rics i uns preus per a pobres, i els destinats als pobres són, naturalment, els més elevats. Podria pensar-se que hi ha més varietat de preus que tipus de persones al món.

Però això només és el començament d'un assumpte complicat del qual no es coneix la conclusió. Diuen que s'ha de rebaixar aproximadament fins a un terç del preu inicial, però això no és més que un càlcul aproximat i una d'aquelles generalitzacions buides amb què es despatxa la gent que no vol o no està en condicions d'entendre les subtileses d'aquest procediment ancestral.

És desitjable que l'estira-i-arronsa de les negociacions duri una petita i substanciosa eternitat. El comerciant frueix del temps invertit en l'operació de comprar. Els arguments encaminats a fer cedir l'altre han de ser rebuscats, complexos, insistents i engrescadors. Es pot ser digne o eloqüent o, encara millor, totes dues coses alhora. La dignitat serveix per demostrar-se l'un a l'altre que no es dona gaire importància a la compra o la venda. L'eloqüència serveix per estovar la determinació de l'adversari. Hi ha arguments que només desvetllen menyspreu i d'altres que arriben al cor. S'ha de provar tot abans de claudicar. Però fins i tot quan arriba el moment de cedir, s'ha de fer d'una manera brusca i inesperada, per tal de desconcertar l'adversari i tenir l'oportunitat de mirar dintre seu. Alguns desarmen l'interlocutor amb sobergueria, uns altres amb encant. L'ardit, sigui quin sigui, és admissible, la manca d'atenció és impensable.

A les botigues que són prou grans per entrar-hi i fer-hi una passejada, el venedor acostuma a demanar consell a algú altre abans de transigir. Aquest darrer, que es manté en un segon pla sense participar en l'operació, com una mena de cap espiritual dels preus, entra en escena però no regateja mai. Se'l consulta només per prendre la decisió final. Pot autoritzar, per dir-ho així, fluctuacions fantàstiques del preu en contra de la voluntat del venedor. Però com que és *ell* que ho fa, que no ha participat en el regateig, ningú no doblega l'esquena.

ELS CRITS DELS CECS

Intento explicar alguna cosa i, així que callo, m'adono que encara no he dit res. Una substància meravellosament densa i lluminosa persisteix en mi i es riu de les paraules. És la llengua, que allà no comprenia i que ara ha de traduir-se dintre meu? Es van donar fets, imatges, sons, el sentit dels quals *brolla* només d'un mateix; que no van ser percebuts ni definits per mitjà de paraules; que van més enllà de les paraules i són més profunds i imprecisos que elles.

Somio amb un home que desaprèn fins a tal punt les llengües de la Terra que ja no entén el que es diu en cap país.

Què hi ha en la llengua? Què amaga? Què ens pren? Durant les setmanes que vaig passar al Marroc, no vaig provar d'aprendre l'àrab ni cap de les llengües berbers. No volia perdre ni una engruna de la força d'aquells crits estranys. Volia que els sons em colpissin per ells mateixos i no afeblir-los amb uns coneixements insuficients i artificials. No havia llegit res sobre el país. Els seus costums m'eren tan desconeguts com la seva població. El poc que en el transcurs d'una vida ens arriba a orelles dels països i els pobles es va esvair en les primeres hores.

Però hi havia la paraula *Al·là*, aquesta no la vaig poder defugir. Em va dotar del que em calia per a la part de la meva experiència més freqüent i penetrant, més duradora: per als cecs. Viatjant ho tolerem tot, la indignació es queda a casa. Mirem, escoltem, ens entusiasmem amb les coses terribles perquè són noves. Els bons viatgers són despietats.

L'any passat, quan després de quinze anys d'absència vaig tornar a Viena per primer cop, vaig passar pel Blindenmarkt,[1] un lloc l'existència del qual no podia ni imaginar. El nom em va punyir com una fuetada, no m'ha deixat des de llavors. Aquest any, quan vaig anar a Marràqueix, vaig trobar-me de sobte entre legions de cecs. Eren centenars, innombrables, la majoria captaires; n'hi havia un grup de vuit o deu que es disposaven en fila davant el mercat, i la seva lletania aspra, repetida fins a l'infinit, se sentia des de lluny. Jo em plantava davant seu, immòbil com ells, i no sabia mai del cert si notaven la meva presència. Cada un d'ells sostenia un platet de fusta, i quan algú hi llançava alguna cosa, la moneda rebuda corria de mà en mà, tots la palpaven, tots l'examinaven, fins que un d'ells, encarregat d'això, se la ficava a la butxaca. *Sentien* tots junts, de la mateixa manera que murmuraven i cridaven tots junts.

Tots els cecs ofereixen el nom de Déu, i a través de l'almoina pots obtenir un dret sobre ell. Comencen amb Déu, acaben amb Déu, en repeteixen el nom deu mil vegades al dia. Tots els seus crits en contenen el nom sota formes diverses, però el crit, un cop convingut, es manté inalterable. Són arabescos acústics entorn de Déu, molt més impressionants que els òptics. Alguns només es refien del seu nom i no criden més que això. Hi ha en

[1] Literalment, 'mercat de cecs'. (N. de la t.)

aquesta actitud una obstinació terrible, Déu se m'apareixia com un mur contra el qual arremetien sempre al mateix lloc. Crec que els captaires sobreviuen més per les seves fórmules que per les almoines que recullen.

La repetició d'un crit caracteritza el que l'emet. Et queda gravat a la memòria, el reconeixes, sempre més és present; i el que l'emet existeix per una qualitat delimitada amb precisió, el seu crit. No en sabrem res més, es protegeix, el seu crit és alhora el seu límit. En aquest indret és exactament el que crida, ni més ni menys, un captaire, cec. Però el crit també és una multiplicació, la repetició ràpida i regular el transforma en un grup. Hi ha en el fet de captar una energia especial, el cec capta en nom de molts i col·lecta per a tots. «Pensa en tots els captaires, pensa en tots els captaires! Déu et beneirà per tots els captaires als quals fas caritat.»

Diuen que els pobres entraran al paradís cinc-cents anys abans que els rics. Amb les almoines comprem als pobres un tros de paradís. Quan algú mor, «se'l porta a peu, amb ploraneres o sense, ben de pressa a la tomba, perquè el mort arribi ben aviat a la benaurança. *Els cecs canten el credo»*.

Des que he tornat del Marroc, he provat d'asseure'm amb els ulls tancats i les cames encreuades en un racó del dormitori i de dir, durant mitja hora, a la velocitat adequada i amb la força justa, «Al·là! Al·là! Al·là!». He intentat imaginar-me que ho dic un dia sencer i bona part de la nit; que després d'un descans breu torno a començar; que persisteixo en l'intent dies, setmanes, mesos i anys sencers; que em vaig fent vell i continuo vivint així, aferrat a aquesta vida; que m'enfado si res em destorba d'aquesta vida; que no vull altra cosa, que hi persevero amb decisió.

He entès el poder de seducció que s'amaga en una vida que ho redueix tot a la forma més simple de repetició. Canviava gaire l'activitat dels artesans que vaig veure treballar a les botiguetes? I el regateig dels comerciants? I els passos dels dansaires? I les incomptables tasses de te amb menta que allà prenen tots els hostes? Canviaven gaire, els diners? I la fam?

He entès el que són en el fons aquests captaires cecs: els sants de la repetició. De la seva vida se n'ha erradicat gairebé tot el que per a nosaltres encara escapa a la repetició. Hi ha l'indret on s'asseuen o s'estan drets. Hi ha el crit invariable. Hi ha el nombre limitat de monedes que poden esperar, tres o quatre de més o menys valor. És veritat que també hi ha els donants, que són diferents, però els cecs no els veuen, i amb la seva fórmula d'agraïment fan que fins i tot els donants esdevinguin tots iguals.

LA SALIVA DEL MARABUT

Em vaig separar del grup dels vuit cecs; la seva lletania encara em ressonava a les orelles, i havia fet només uns quants passos, quan em va cridar l'atenció un vell de cabells blancs que s'estava tot sol amb les cames eixarrancades: tenia el cap una mica inclinat i mastegava. També era cec i, si s'havia de jutjar pels parracs que duia, es tractava d'un captaire. Però tenia les galtes plenes i enrojolades, i els llavis, sans i humits. Mastegava a poc a poc, amb la boca tancada, i tenia una expressió de cara serena i alegre. Mastegava a consciència, com si algú li ho hagués prescrit. Es veia que això li procurava un gran plaer, i mentre l'observava, em vaig fixar en la seva saliva i en el fet que n'havia de tenir molta. Estava plantat davant una rastellera de parades on s'amuntegaven piles de taronges; vaig pensar que un dels venedors n'hi devia haver donat una i que l'estava mastegant. Tenia la mà dreta una mica separada del cos i els dits també molt separats, com si els tingués paralitzats i no els pogués tancar.

Hi havia força espai lliure al voltant del vell, cosa que vaig trobar sorprenent en un lloc tan concorregut com aquell. Feia l'efecte que estava acostumat a estar sol i que no aspirava a res millor. Me'l vaig quedar mirant com mastegava i em vaig proposar esperar a veure què passaria quan acabés. Va tardar molt, no havia vist mai ningú que mastegués amb tant d'entusiasme i deteniment. Vaig notar que la meva boca es començava a moure, tot i que no hi tenia res per mastegar. Sentia una mena de respecte per la seva fruïció, que era per a mi la cosa més remarcable que havia vist mai en una boca humana. La seva ceguesa no m'inspirava compassió. Se'l veia concentrat i satisfet. No es va interrompre *ni una sola vegada* per pidolar com feien els altres. Potser ja tenia el que necessitava. Potser no necessitava res més.

Quan va haver acabat, es va llepar els llavis unes quantes vegades, va estendre una mica més la mà dreta amb els dits separats i va començar a recitar amb veu ronca la seva invocació. M'hi vaig atansar amb timidesa i li vaig posar una moneda de vint francs a la mà. No va ajuntar els dits; era cert, doncs, que no els podia tancar. Pam a pam va alçar la mà fins a la boca. Es va prémer la moneda contra els llavis gruixuts i la va fer desaparèixer a la boca. Així que la va tenir a dins, va començar a mastegar un altre cop. Es passava la moneda d'un costat a l'altre, em va semblar fins i tot que en podia seguir els moviments, ara a l'esquerra, ara a la dreta, i tornava a mastegar amb tots els cinc sentits.

Em costava de creure el que veia. Em vaig preguntar si no m'havia confós. Potser la moneda s'havia ficat per algun badall i jo no ho havia vist. Vaig esperar un moment. Quan va haver acabat de mastegar amb la mateixa afició, la moneda li va reaparèixer entre els llavis. La va escopir a la mà esquerra, que havia alçat. L'operació va anar acompanyada de molta saliva. Després va fer desaparèixer la moneda en una bossa que portava al costat esquerre.

Vaig intentar dissoldre el fàstic que sentia en l'extravagància de l'acte. Hi ha res de més brut que els diners? Però el vell no era jo, el que a mi em feia fàstic a ell li causava plaer, i d'altra banda, tampoc no és estrany veure algú petonejant una moneda. Segur que la salivera tenia en aquest cas una raó de ser, i era clar que l'home es distingia dels altres captaires per la salivació abundant. S'hi havia exercitat molt abans de demanar almoina; fos el que fos el que havia menjat abans..., ningú no hi hauria esmerçat tanta estona. Els moviments de la boca havien de voler dir alguna cosa.

I si s'havia ficat a la boca només la *meva* moneda? Potser havia notat al palmell de la mà que era de més valor que les que solia rebre i m'ho volia agrair d'una manera especial. Vaig decidir esperar a veure què passava, l'espera no se'm va fer gens feixuga. Estava perplex i fascinat, no hauria pogut mirar res més que no fos aquell ancià, que va repetir la seva lletania diverses vegades. Va passar un àrab i li va posar a la mà una moneda de cinc francs. El vell va alçar la mà amb un gest ferm, es va ficar la moneda a la boca i va començar a mastegar exactament com abans. Potser aquesta vegada no va mastegar tanta estona. Va tornar a escopir la moneda amb molta saliva i la va fer desaparèixer a la bossa. Li van donar diferents monedes, algunes de molt petites, i va repetir l'operació unes quantes vegades. Jo estava cada cop més desconcertat; com més el mirava, menys entenia per què ho feia. Però una cosa era indiscutible, ho feia sempre, era el seu costum, la seva manera particular de mendicar; les persones que li donaven alguna cosa esperaven que hi fes participar la boca, que cada cop que l'obria em semblava més vermella.

No em vaig adonar que a mi també m'observaven i que devia fer una fila ridícula. Potser, qui sap, estava amb un pam de boca oberta. Perquè tot d'un plegat un home va sortir de darrere les taronges, va fer uns quants passos cap a mi i em va dir, en un to conciliador:

—És un marabut.

Jo sabia que els marabuts són homes sants a qui s'atribueixen poders especials. La paraula em va inspirar temor i vaig notar que el fàstic minvava de cop. Vaig preguntar, tímidament:

—Però per què es fica les monedes a la boca?

—Ho fa sempre —va respondre l'home, com si fos la cosa més normal del món. Després va fer mitja volta i va tornar darrere les taronges.

En aquell moment em vaig adonar que darrere cada parada m'aguaitaven dos o tres parells d'ulls. La criatura estranya era jo, que havia tardat tant a lligar caps.

Amb aquella informació em vaig sentir convidat a anar-me'n; no em vaig fer pregar. El marabut, em deia, és un home sant, i en aquest home sant tot és sant, la saliva i tot. Posant les monedes dels donants en contacte amb la saliva, els dispensa una benedicció especial i incrementa els mèrits dels que s'han guanyat el cel fent almoina. Ell tenia el paradís assegurat i podia donar als homes una cosa que els era més necessària que les monedes per a ell. Ara entenia la serenitat que es reflectia al seu rostre cec i que el diferenciava dels altres captaires que havia vist fins llavors.

Me'n vaig anar, però tenia el vell tan present que en vaig parlar amb tots els meus amics. Ningú no l'havia vist, i em va fer la impressió que dubtaven de la veracitat de les meves paraules. L'endemà vaig anar al mateix lloc, però ell no hi era. El vaig buscar pertot arreu, però no el vaig aconseguir trobar. Vaig sortir a cercar-lo cada dia, però ell no tornava. Potser vivia tot sol en algun racó de les muntanyes i només venia a la ciutat de tant en tant. Hauria pogut preguntar per ell als venedors de taronges, però em feia vergonya. El vell no significava per a ells el mateix que per a mi, i encara que no em feia res parlar-ne amb els amics, que no l'havien vist mai, preferia mantenir-lo allunyat dels que el coneixien bé i per als quals era una figura natural i familiar. Ell no em coneixia, però els altres potser li havien parlat de mi.

El vaig tornar a veure una vegada, just una setmana després, un dissabte al vespre. Era davant la mateixa parada, però no tenia res a la boca i no mastegava. Recitava la seva lletania. Li vaig donar una moneda i vaig esperar a veure què en feia. De seguida va posar-se a mastegar amb delit, i encara no havia acabat que se'm va acostar un home i em va etzibar una bestiesa:

—És un marabut. És cec. Es fica les monedes a la boca per saber quant li han donat. —Després es va adreçar al marabut en àrab i em va assenyalar.

El vell ja havia acabat de mastegar i havia escopit la moneda. Es va girar cap a mi, la cara li brillava. Em va dedicar una benedicció, que va repetir sis vegades. La cordialitat i l'escalfor que vaig sentir mentre em parlava no les he rebut mai més de cap altre ser humà.

SILENCI A CASA I BUIDOR ALS TERRATS

Per familiaritzar-te amb una ciutat estrangera, necessites un espai tancat sobre el qual tinguis un cert dret i on puguis estar sol quan el brogit de les veus noves i incomprensibles esdevé massa gran. Aquest espai ha de ser silenciós, ningú no t'ha de veure quan t'hi arreceres ni quan en surts. El millor és desaparèixer en un carreró sense sortida, aturar-se davant una porta de la qual es té la clau a la butxaca i obrir-la sense que ho senti ni una ànima vivent.

Entres a la frescor de la casa i tanques la porta darrere teu. És fosc i de primer no veus res. Ets com un dels cecs de les places i dels carrerons per on acabes de passar. Però de seguida recuperes la vista. Veus els graons de pedra que duen al primer pis i a dalt hi trobes un gat, que encarna el silenci que anhelaves. Li agraeixes que visqui, perquè vol dir que també és possible viure calladament. El gat és alimentat sense haver de cridar «Al·là!» mil vegades al dia. No està mutilat ni tampoc necessita resignar-se a un destí estremidor. Pot ser cruel, però no ho diu.

Camines amunt i avall i respires la quietud. Què se n'ha fet, del bullici infernal? De la llum encegadora i dels sons eixordadors? Dels centenars, milers, de cares? En aquestes cases hi ha poques finestres que donin al carrer, sovint cap; tot s'obre al pati, i aquest, al cel. Només a través del pati s'estableix una relació agradable i mesurada amb l'entorn.

Però també pots pujar al terrat i veure les cobertes rases de la ciutat d'un sol cop d'ull. Tot és pla, com una immensa graderia que es pogués recórrer de cap a cap. Els carrerons no són cap entrebanc, no els veus, oblides que existeixen. Molt a prop miralleguen les muntanyes de l'Atles, que es podrien confondre amb els Alps si la claror que les banya no fos tan brillant i no hi haguessin tantes palmeres entre elles i la ciutat.

Els minarets, que s'alcen aquí i allà, no són com els campanars. Són esvelts, però no acaben en punta, l'amplària és la mateixa a la base que al cim, i el que compta és la plataforma superior des d'on es fa la crida a l'oració. Més aviat són fars habitats per una veu.

Sobre els terrats dels edificis hi ha una voladissa d'orenetes. És com una segona ciutat; només que tot hi passa molt de pressa, mentre que als carrerons la gent hi transita a poc a poc. Aquestes orenetes no reposen mai, et preguntes si dormen, els falta peresa, mesura i dignitat. Rampinyen al vol, els terrats buits els deuen semblar un territori conquerit.

Perquè als terrats ningú no s'hi deixa veure. Aquí, em pensava, hi descobriré dones com les dels contes, des d'aquí podré veure els patis de les cases veïnes i sentir-ne el tragí. El primer cop que vaig pujar al terrat de la casa del meu amic em sentia ple d'expectació, i mentre mirava al lluny, cap a les muntanyes que coronen la ciutat, al meu amic se'l veia satisfet de poder ensenyar-me un espectacle tan bonic. Però va començar a neguitejar-se quan em vaig cansar de la llunyania i se'm va desvetllar la curiositat pel que teníem a prop. Em va sorprendre mirant el pati de la casa del costat, on amb gran alegria per part meva vaig sentir unes veus femenines que parlaven espanyol.

—Això no es fa —va dir el meu amic—. No s'ha de fer mai. M'ho han advertit moltes vegades. És de mala educació ficar el nas en els assumptes del veí. És una indecència. De fet, ningú no s'hi hauria de deixar veure mai, als terrats, sobretot els homes. Perquè les dones hi pugen de tant en tant i volen estar tranquil·les.

—Però ara no n'hi ha cap, de dona.

—Potser ens han vist —va replicar ell—. S'agafa mala fama. I tampoc no pots abordar una dona pel carrer, si porta vel.

—I si vull saber com es va a algun lloc?

—T'has d'esperar fins que passi un home.

—Però estar-te al teu, de terrat, sí que deus poder. Si et trobes amb un veí no és culpa teva.

—En aquest cas has d'apartar la vista. Has de demostrar que no t'interessa. Darrere nostre just acaba d'aparèixer una dona. És una minyona gran. No s'ha adonat que l'he vist, però ja és fora.

Jo no havia tingut temps ni de girar-me.

—Això vol dir que s'és menys lliure als terrats que als carrers.

—Ja ho crec —va dir—. Ningú no vol tenir mala fama entre el veïnat.

Jo vaig mirar les orenetes i els vaig envejar la tranquil·litat amb què sobrevolaven tres, cinc, deu terrats alhora.

LA DONA DE LA REIXA

Vaig passar pel costat d'una petita font pública on bevia un jovenet. Vaig tombar a l'esquerra i vaig sentir una veu feble, lànguida i tendra que venia de més amunt. Vaig alçar els ulls i vaig veure a la casa del davant, a l'altura del primer pis, la cara d'una dona jove darrere una reixa trenada. No portava vel, era de pell fosca i tenia la cara a tocar de la reixa. Encadenava les frases les unes amb les altres, i totes es componien de paraules afectuoses. Jo no entenia per què aquella dona no portava vel. Tenia el cap una mica inclinat i em va fer l'efecte que s'adreçava a mi. Mantenia tota l'estona el mateix to de veu, feble i uniforme, i transmetia tanta tendresa com si em cenyís el cap amb els braços. Però no n'hi veia les mans, només ensenyava la cara, potser tenia les mans lligades en algun lloc. La cambra des d'on ella parlava era fosca, al carrer on era jo hi feia un sol enlluernador. Semblava que les seves paraules brollessin d'una font i formessin un doll, jo no havia sentit mai paraules afectuoses en aquella llengua, però intuïa que ho eren.

Volia acostar-m'hi per veure la porta de la casa d'on venia la veu, però em feia por que un moviment meu l'espantés com un ocell. Què faria si emmudia de cop? Vaig intentar ser com la veu, feble i tendre, i vaig caminar com no havia caminat mai. Vaig aconseguir no esporuguir-la. Encara la sentia quan era a frec de la casa i no podia veure el cap a la reixa. L'edifici, molt estret, semblava una torre en ruïnes. Se n'entreveia l'interior per un forat de la paret d'on s'havien desprès unes pedres. La porta, feta de taulons i desproveïda de tot ornament, estava fermada amb uns filferros i no semblava que l'obrissin gaire sovint. No era una casa acollidora, no s'hi podia entrar, l'interior era fosc i segurament rònec. Just al tombant de la cantonada hi arrencava un carreró sense sortida, però allà tot era mort i silenciós i no hi vaig trobar ningú a qui pogués preguntar res. Tampoc al carreró no vaig perdre la font de la veu amorosa, al girant de la cantonada sonava com un xipolleig llunyà. Vaig tornar enrere, em vaig parar un altre cop a una certa distància de la casa i vaig alçar la vista; la cara oval tornava a ser allà, contra la reixa, i els llavis es movien per formar paraules plenes de tendresa.

Em va semblar que el to era una mica diferent, s'hi percebia una súplica incerta, com si la dona digués: «No te'n vagis». Potser es pensava que havia desaparegut per sempre quan havia anat a examinar la casa i la porta. Ara que havia tornat, no m'havia de moure de lloc. Com podria descriure l'efecte que fa el rostre d'una dona sense vel que mira des d'una finestra, en una ciutat com aquesta, en uns carrers com aquests? Hi ha molt poques finestres que donin al carrer i no s'hi veu mai ningú. Les cases són com muralles, sovint tens la sensació de caminar entre murs, encara que sàpigues que són cases: se'n veuen les portes i unes quantes finestres que no fan cap servei. Amb les dones passa una cosa semblant, transiten pels carrerons com si fossin sacs deformes, no s'hi reconeix res, no s'hi endevina res, i t'acabes atipant de fer esforços per imaginar-te-les. Renuncies a les dones. Però no hi renuncies de grat, i per això, quan una dona se't mostra a la finestra i et parla, inclina una mica el cap i no se'n va, com si t'hagués estat esperant sempre, i continua parlant quan li gires l'esquena i te n'allunyes a poc a poc, algú que continuarà parlant tant si hi ets com si no, que et parlarà sempre, que sempre parlarà a algú altre..., una dona així és un miracle, una aparició, i es tendeix a atribuir-li més importància que qualsevol altra cosa que valgui la pena de veure en aquesta ciutat.

M'hi hauria estat més temps, però al barri hi havia força animació. Tot de dones amb vel em passaven pel costat sense entretenir-se ni un moment amb la seva companya de la reixa. Passaven per davant d'aquella casa amb forma de torre com si no hi hagués ningú. No s'aturaven, no miraven enlaire. S'apropaven a la casa amb pas regular i, just sota la finestra de la que parlava, tombaven a la cantonada on era jo. Sentia que em llançaven mirades de desaprovació. Què hi feia jo, allà? Per què no me'n movia? Per què mirava embadocat cap amunt?

Van passar una colla d'escolars. Jugaven i feien broma i es comportaven com si no sentissin la remor que venia de dalt. Em van mirar de cap a peus: jo no els era tan familiar com la dona sense vel. Em feia una mica de vergonya estar palplantat allà amb els ulls fixos a la casa. Però sentia que, si me n'anava, decebria la cara de la reixa; les seves paraules continuaven fluint com un rierol de refilets. Però ara s'hi barrejaven els crits estridents de la canalla, que se n'anava allunyant. Duien unes motxilles petites i acabaven de sortir de l'escola; intentaven allargar el camí de tornada a casa i s'inventaven petits jocs, que consistien, per exemple, a saltar endavant i endarrere. Avançaven a pas de tortuga, i el fet d'escoltar es va convertir per a mi en un suplici.

Una dona amb una criatura molt petita agafada de la mà es va aturar al meu costat. Se'm devia haver apropat per darrere, perquè no l'havia sentit. Es va parar un moment; em va llançar una mala mirada; darrere el vel hi vaig reconèixer els trets d'una vella. Va agafar el nen com si la meva presència fos una amenaça i se'n va anar arrossegant els peus, sense dirigir-me la paraula. Em sentia incòmode, així que vaig abandonar el meu lloc i la vaig seguir lentament. Va anar carreró avall i després va girar a un costat. Quan vaig arribar a la cantonada per on ella havia tombat, vaig veure, al final d'un carreró sense sortida, la cúpula d'una petita qubba. Així és com en diuen en aquest país de les tombes dels sants on peregrinen els fidels amb els seus precs. La vella es va parar davant la porta tancada de la qubba i va aixecar l'infant. Va prémer la boca de la criatura contra un objecte que jo no podia identificar des de tan lluny. Va repetir l'operació unes quantes vegades, després va deixar el nen a terra, va agafar-lo de la mà i va girar-se per marxar. A la cantonada del carreró sense sortida va haver de passar un altre cop pel meu costat, però aquesta vegada no em va donar ni una mala mirada, i se'n va tornar pel camí per on havíem vingut tots dos.

Jo em vaig acostar a la qubba i a mitja alçària del portal de fusta hi vaig veure una anella en què hi havia lligats uns parracs. Era això el que havia petonejat aquella criatura petita. Tot s'havia esdevingut en un gran silenci, i en el meu desconcert no m'havia adonat que els escolars eren darrere meu i m'observaven. De cop en vaig sentir les rialles clares, tres o quatre van córrer cap a la porta de la qubba, van agafar l'anella i en van besar els parracs. Rient escandalosament, van repetir la cerimònia de totes les maneres possibles. L'un s'agafava a la dreta de l'anella, l'altre a l'esquerra, i els petons se succeïen com grans espetecs. Els companys que tenien al darrere els empenyien. Tots em volien ensenyar com s'havia de fer; potser esperaven que els imités. Anaven nets i polits, se'ls veia ben cuidats, segur que els rentaven més d'una vegada al dia. Els parracs, en canvi, estaven tan bruts com si els haguessin fet servir per netejar el carrer. Se suposava que eren esquinçalls de la vestidura del sant en persona, per als creients conservaven alguna cosa de la seva santedat.

Quan els nens es van cansar de fer petons a l'anella, em van rodejar. Un d'ells em va cridar l'atenció per la seva expressió intel·ligent i em va semblar que tenia ganes de parlar amb mi. Li vaig preguntar en francès si sabia llegir. Ell va contestar, educadament:

—Oui, monsieur.

Jo duia un llibre sota el braç, el vaig obrir i l'hi vaig allargar; ell va llegir, a poc a poc però sense entrebancar-se, unes quantes frases en francès. El llibre era una obra sobre les creences dels marroquins, i el capítol per on l'havia obert tractava del culte als sants i de les qubbes. Fos casualitat o no, m'estava llegint en veu alta el que m'acabava d'ensenyar amb els seus amics. Ell es mantenia impertorbable; potser en l'afany de llegir no entenia el significat de les paraules. El vaig elogiar i va acceptar el meu reconeixement amb la dignitat d'un adult. M'agradava tant que sense voler vaig relacionar-lo amb la dona de la reixa. Vaig assenyalar cap a la casa en ruïnes i li vaig preguntar:

—Aquella dona de la reixa, la coneixes?

—Oui, monsieur —va dir ell, i va posar-se molt seriós.

—Elle est malade? —vaig fer jo.

—Elle est très malade, monsieur.

El «molt» que reforçava la meva pregunta va sonar com un plany, però com un plany per alguna cosa a la qual el nen s'havia resignat del tot. Devia tenir nou anys, però semblava que en fes vint que vivia amb una malalta greu i que sabés molt bé com havia de comportar-se en aquests casos.

—Elle est malade dans sa tête, n'est-ce pas?

—Oui, monsieur, dans sa tête.

El nen va assentir quan va dir «al cap», però en comptes d'assenyalar-se el seu, va assenyalar el d'un altre nen d'una bellesa singular: tenia la cara allargada i esblanqueïda i uns ulls grossos i negres molt tristos. Cap dels nens no reia ni deia res. L'estat d'ànim els havia canviat de cop així que jo havia començat a parlar de la dona de la reixa.

VISITA AL MEL·LAH

Al matí del tercer dia, així que vaig quedar-me sol, vaig buscar el camí del mel·lah. Vaig arribar a una cruïlla on hi havia molts jueus. El trànsit fluïa al seu costat i girava en una cantonada. Vaig veure unes persones que travessaven un arc que semblava encastat en un mur i les vaig seguir. A l'altra banda, voltat pel mur per tots quatre costats, s'hi estenia el mel·lah, el barri jueu.

Em vaig trobar en un petit basar a l'aire lliure. En un seguit de botiguetes els venedors seien entre les seves mercaderies amb les cames arronsades; n'hi havia de vestits a l'europea que seien o estaven drets. La majoria duien el casquet negre que aquí porten els jueus per distingir-se i molts eren barbuts. A les primeres botigues que vaig trobar hi venien teles. Un dels botiguers mesurava les colzades d'un tros de seda. Un altre, concentrat i veloç, manejava el llapis i feia comptes. Fins i tot les botigues més ben parades semblaven minúscules. N'hi havia moltes que tenien visitants; en una d'elles dos homes molt grassos jeien còmodament al voltant d'un tercer, eixut de carns, que era el propietari del comerç i amb qui mantenien una conversa animada però decorosa.

Jo caminava tan a poc a poc com podia i observava la cara de la gent, d'una diversitat sorprenent. Hi havia rostres que, vestits d'una altra manera, hauria pres per àrabs. Hi havia els vells jueus lluminosos de Rembrandt. Hi havia capellans catòlics d'una humilitat múrria i silenciosa. Hi havia jueus eterns amb el neguit escrit a tot el cos. Hi havia francesos. Hi havia espanyols. Hi havia russos rubicunds. N'hi havia un que feia venir ganes de saludar-lo com el patriarca Abraham; parlava en actitud condescendent amb Napoleó, i un setciències que retirava a Goebbels ficava cullerada en la conversa. Tot plegat em va fer pensar en la transmigració de les ànimes. Potser, vaig dir-me, tota ànima humana ha d'encarnar-se almenys una vegada en un jueu, i ara s'han trobat tots aquí: ningú no recorda què havia sigut abans, i encara que els seus trets en revelin la procedència tan clarament que fins i tot jo, un estranger, soc capaç de reconèixer-la, tots aquests homes estan convençuts que descendeixen directament del poble de la Bíblia.

Però tots tenien alguna cosa en comú, i així que em vaig habituar a la disparitat de cares i d'expressions, vaig intentar esbrinar en què consistia això que compartien. Tenien una manera ràpida d'aixecar els ulls i de fer-se una opinió del transeünt. *Ni una sola vegada* no vaig passar desapercebut. Quan m'aturava, ensumaven en mi un possible comprador i m'examinaven a fons. Però en general copsava la mirada ràpida i intel·ligent molt abans d'aturar-me, i també la copsava quan caminava per l'altre costat del carrer. Fins i tot entre els que jeien amb el posat apàtic dels àrabs, la mirada no era mai apàtica: venia, feia l'exploració pertinent i se'n tornava tot seguit. Hi havia mirades hostils, fredes, indiferents, desconfiades i d'una saviesa infinita. Però mai no semblaven estúpides. Eren mirades de persones que sempre estan alerta però que no volen atreure l'hostilitat que s'espera: ni una ombra de provocació; i una por que es manté prudentment oculta.

Diria que la dignitat d'aquestes persones resideix en la cautela. La botiga només està oberta per un costat i, per tant, no s'han d'amoïnar pel que passa darrere seu. La mateixa gent, al carreró, se sent menys segura. Em vaig adonar ben aviat que els «jueus eterns», els que semblaven inquiets i recelosos, sempre eren *passants*; eren gent que duien a sobre totes les seves mercaderies, amb les quals havien d'obrir-se pas entre la multitud, que no sabien mai si els atacarien per l'esquena per prendre'ls les seves migrades possessions, per l'esquerra, per la dreta o per tots quatre costats alhora. El que era amo d'una botiga i no se'n movia mai tenia la tranquil·litat a la punta dels dits.

Però també n'hi havia que s'arraulien al carreró i oferien bagatel·les a la venda. Moltes vegades eren pilonets de fruita o verdura que feien llàstima de veure. Semblava que no tinguessin res a vendre i s'aferressin als gestos del mercadeig. Tenien un aspecte descurat; eren molts i em va costar una mica d'acostumar-m'hi. Però aviat m'hi vaig fer, i no em va sorprendre gaire veure un home vell i malaltís ajupit a terra que l'únic que tenia per vendre era una llimona resseca i arrugada.

Havia enfilat per un carrer que des del basar de l'entrada s'endinsava en el mel·lah. Bullia de gent. Enmig de legions d'homes, de tant en tant m'encreuava amb alguna dona sense vel. Una dona vellíssima de pell apergaminada avançava en la meva direcció, semblava la persona més vella del món. Tenia els ulls fixos en la llunyania, feia l'efecte que veiés amb precisió el lloc cap on es dirigia. No esquivava ningú, i mentre d'altres feien giragonses per avançar, al seu voltant sempre hi havia espai. Em penso que li tenien por: caminava tan a poc a poc que hauria tingut temps de maleir tothom. El temor que infonia devia ser la força que l'empenyia a caminar. Quan per fi em va passar pel costat, la vaig seguir amb la mirada. Ella ho devia notar, perquè també es va girar, amb la mateixa lentitud amb què caminava, i em va mirar de fit a fit. Jo me'n vaig allunyar a pas lleuger; la meva reacció a la seva mirada va ser tan instintiva que fins al cap d'un moment no em vaig adonar que havia accelerat el pas.

Vaig passar per davant d'un reguitzell de barberies. Uns quants perruquers joves s'estaven a la porta dels comerços amb aire desvagat. A l'altra banda del carrer, a terra, un home exposava a la venda una cistella de llagostes fregides. Vaig pensar en la famosa plaga d'Egipte i em va estranyar que els jueus menges-sin llagostes. En una botigueta d'un tros més amunt hi seia un home que tenia els trets i el color d'un negre. Duia el casquet dels jueus i venia carbó, que estava acastellat en piles altes al seu voltant. Feia l'efecte que acabaria emparedat entre els munts de carbó i que només esperava els paletes encarregats d'executar aquesta tasca. S'estava tan quiet que al principi em va passar inadvertit, i si m'hi vaig fixar va ser pels ulls, que li brillaven enmig de les muntanyes de carbó. Al seu costat un borni venia verdures. L'ull amb què no hi veia estava terriblement inflat i tenia un aspecte amenaçador. Estava molt enfeinat amb les verdures. Les posava a un costat amb molta cura i després, amb la mateixa cura, les tornava al seu lloc. Un altre seia a terra arronsant les cames i tenia a prop cinc o sis pedres. N'agafava una, la sospesava, l'observava amb deteniment i l'alçava enlaire. La tornava a col·locar amb les altres i repetia el joc amb la següent. No em va mirar *ni un sol cop*, tot i que m'hi havia plantat a dos pams. Va ser l'únic de tot el barri que no es va dignar a mirar-me. Les pedres que pretenia vendre no li donaven treva, se'l veia més interessat en elles que en els compradors.

Sentia que, com més avançava, més pobre es tornava tot. Havia deixat enrere les sedes i les teles de qualitat. Ningú no tenia l'aspecte poderós i principesc d'Abraham. El basar de la porta d'entrada havia sigut una espècie de barri luxós, mentre que la vida real, la vida del poble menut, es desenvolupava aquí. Havia anat a raure en una placeta rectangular que em va semblar el cor del barri. Prop d'una font allargada s'hi veien homes i dones barrejats. Les dones duien cànteres que omplien d'aigua. Els homes omplien les seves botes de cuiro. Al costat hi tenien els ases, que esperaven ser abeurats. Al mig de la plaça hi havia unes quantes parades de menjar. Alguns cuiners rostien carn, uns altres fregien bunyols; anaven acompanyats de la família, la dona i els nens. Era com si haguessin parat casa a l'aire lliure i visquessin i cuinessin en aquella placeta.

També s'hi veien pagesos vestits de berbers amb pollastres vius a la mà; els duien agafats per les potes i amb el cap penjant. Quan alguna dona s'hi acostava, allargaven el braç perquè pogués tocar l'animal. La dona l'agafava amb les mans sense que el berber el deixés anar o el canviés de posició. El palpava, el pessigava just en el punt més carnós. Mentre durava l'examen, ningú no deia res, ni el berber ni la dona, el pollastre i tot s'abstenia de cridar. Després la dona el deixava a la mà del berber i es dirigia al pagès següent. Cap dona no comprava mai un pollastre sense haver-ne examinat abans uns quants a consciència.

Al voltant de la plaça hi havia botigues i obradors d'artesans; els seus cops de martell sobresortien de la remor de les converses. En un racó de la plaça hi vaig veure un grup d'homes que discutien acaloradament. No entenia què deien, però si s'havia de jutjar per les seves expressions, es tractava del destí del món. Defensaven opinions diferents i esgrimien raons per justificar-se; em va semblar que es complaïen rebatent els arguments dels altres.

Al centre de la plaça hi havia un captaire vell, el primer que veia al mel·lah, no era jueu. Amb una moneda que li acabaven de donar, va girar-se cap a un dels bunyols que petarrellejava a la paella. Al voltant del cuiner hi havia força clients i el pidolaire va haver d'esperar el seu torn. Però no va impacientar-se, encara que fos tan a prop de satisfer el seu desig imperiós. Així que li van haver servit el bunyol, va tornar al mig de la plaça i se'l va menjar amb un pam de boca oberta. La seva mengera es va estendre com un núvol de satisfacció damunt la plaça. Ningú no li feia cas, però tothom sentia la flaire de la seva delectació, i em va semblar que era molt important per a la vida i el benestar de la plaça, el seu monument al menjar.

Però no crec que ell fos l'únic responsable de l'encant feliç d'aquell indret. Em sentia com si hagués anat a parar a un lloc diferent, al terme del meu viatge. No volia marxar-ne, ja hi havia estat feia cent anys, però ho havia oblidat i ara em tornava tot a la memòria. Hi trobava la mateixa densitat i calidesa de la vida que sento en mi mateix. En aquell moment jo *era* aquella plaça. Em penso que sempre soc aquella plaça.

Em costava tant d'allunyar-me'n, que cada cinc o deu minuts hi tornava. Anés on anés, descobrís el que descobrís al mel·lah, ho deixava per tornar a la placeta, travessar-la en una direcció o una altra, assegurar-me que encara hi era.

De primer em vaig ficar en un dels carrerons més silenciosos del barri, on no hi havia botigues, només cases. Arreu, a les parets, al costat de les portes, a una certa alçària de terra, hi havia pintades unes mans enormes, amb el contorn de cada dit ben perfilat, gairebé totes de color blau: servien per defensar-se contra el mal d'ull. Era el signe més repetit que vaig veure, a la gent li agradava dibuixar-lo sobretot a la paret de casa seva. Per les portes obertes s'entreveien els patis, que estaven més nets que els carrers. Emanaven una pau que s'encomanava a l'exterior. M'hauria agradat molt entrar-hi, però no m'hi vaig arriscar, perquè no hi vaig veure ningú. No hauria sabut què dir si de sobte m'hi hagués trobat amb una dona. M'espantava la idea d'espantar algú. El silenci de les cases m'inspirava una mena de prudència. Però no va durar gaire. Un remoreig agut, que al principi sonava com els xerrics dels grills, es va intensificar fins que vaig pensar en un gabial. «Què deu ser, això? Aquí no n'hi ha, de gabials amb centenars d'ocells! Nens! Una escola!» Ben aviat vaig sortir de dubtes; el soroll eixordador venia d'una escola.

Per una porta oberta vaig entrellucar un gran pati: hi havia asseguts, tan serrats que amb prou feines es podien bellugar, uns dos-cents infants; alguns guimbaven o jugaven a terra. La majoria, distribuïts en bancs, tenien un sil·labari a la mà. En grupets de tres o quatre es gronxaven vigorosament endavant i endarrere i recitaven, en veu alta: «Àlef. Bet. Guímel». Els caparrons negres es bellugaven al mateix ritme; a cada grup n'hi havia un de més diligent que els altres, els seus moviments eren més impetuosos, i a la seva boca els sons de l'alfabet hebreu ressonaven com un decàleg en gestació.

Un cop a dins vaig intentar identificar les diverses activitats de tots aquells infants. Els més petits jugaven a terra. Entre ells s'hi alçava un mestre, molt pobrament vestit; a la mà dreta hi tenia un cinturó de cuiro per pegar-los. Se'm va atansar amb posat submís. Tenia la cara llarga, plana i inexpressiva, la seva mirada sense vida contrastava visiblement amb la vivor dels nens. Semblava que no seria mai capaç de dominar-los, com si estigués mal pagat per a aquesta tasca. Era una persona jove, però la joventut *dels nens* el feia tornar vell. No parlava ni una paraula de francès i jo no n'esperava treure res. En tenia prou de ser enmig d'aquell xivarri ensordidor i poder donar un cop d'ull al meu voltant. Però havia subestimat el mestre. Darrere la seva rigidesa cadavèrica s'hi amagava una cosa semblant a l'ambició: em volia ensenyar què sabien fer els seus alumnes.

Va cridar un dels nens, li va posar al davant una pàgina del sil·labari de manera que jo també la pogués veure i va començar a assenyalar síl·labes hebrees. Saltava d'una línia a una altra, recorria la pàgina de cap a cap; no volia que em pensés que el nen se les sabia de memòria i recitava a cegues, sense llegir. Els ulls del petit espurnejaven mentre llegia en veu alta: «La-lo-ma-nu-xe-ti-ba-bu». No va cometre ni un error i no es va entrebancar ni una sola vegada. Era l'orgull del mestre, llegia cada cop més de pressa. Quan va acabar i el mestre li va prendre el sil·labari, jo li vaig acariciar el cap i el vaig felicitar en francès, però *això* sí que ho va entendre. Se'n va tornar al banc fent com si ja no em veiés, i llavors li va arribar el torn a un altre nen, que era molt més apocat i s'equivocava sovint. El mestre el va despatxar ventant-li un petit calbot i va cridar un parell d'alumnes més. Mentre va durar tota l'operació, la cridòria no va afluixar, les síl·labes hebrees queien com gotes de pluja en el mar embravit de l'escola.

Mentrestant se m'havien apropat altres nens, que em miraven amb curiositat, alguns amb insolència, uns altres amb timidesa i uns altres amb una certa coqueteria. El mestre, atenent a una raó incomprensible, va foragitar els vergonyosos i va deixar fer els insolents. Però tot tenia una explicació. Ell era el pobre i trist senyor d'aquella part de l'escola, i quan la demostració va acabar, li van desaparèixer de la cara les traces de l'orgull satisfet. Jo li vaig donar les gràcies educadament i, per aixecar-li l'ànim, amb una certa condescendència, com si jo fos un visitant insigne. La meva satisfacció era innegable; amb la manca de tacte que m'havia perseguit per tot el mel·lah, vaig decidir que l'endemà hi tornaria i li donaria diners. Vaig tornar a mirar un moment els infants que recitaven, el seu balanceig m'havia captivat, era el que m'agradava més de tot el que havia vist. Després me'n vaig anar, però la remor em va seguir una bona estona. Em va acompanyar fins al final del carrer.

Cada cop hi havia més animació, com si el carreró portés a un lloc públic important. Una mica més enllà vaig veure un mur i una portalada, que no sabia on duia, però com més m'hi acostava, més captaires veia, asseguts a banda i banda del carrer. Em van cridar l'atenció, perquè encara no n'havia vist cap de jueu.

Davant la porta n'hi vaig comptar deu o quinze d'arrupits en filera, homes i dones, tots força grans. Em vaig parar al mig del carrer, una mica atabalat, i vaig fer veure que estudiava la portalada, mentre que, en realitat, observava la cara dels pidolaires.

Un jove se'm va atansar, em va assenyalar el mur, va dir «Le cimetière israélite» i se'm va oferir a fer-me de guia. Eren les úniques paraules que sabia dir en francès. El vaig seguir ràpidament a través de la porta. Era un noi molt àgil i no tenia necessitat de dir res. Em vaig trobar en una plaça enorme on no creixia ni un bri d'herba. Les làpides estaven tan enfonsades a terra que amb prou feines es veien; t'hi entrebancaves, com si fossin pedres qualssevol. El cementiri semblava un terregall gegantí; potser ho havia sigut, i fins més endavant no li havien atribuït el seu altre propòsit. En tot el terreny no hi havia res que s'elevés per sobre del nivell del sòl. Les pedres que es veien i les ossades que s'hi endevinaven a sota, totes *jeien*. No era agradable caminar-hi dret, no podies presumir-ne, et senties ridícul.

En altres parts del món els cementiris estan organitzats de tal manera que alegren els vius. Són llocs plens de vida, de plantes i d'ocells, i el visitant, únic ser humà entre tants morts, se sent animat i enfortit. La seva pròpia condició li sembla envejable. A les làpides hi llegeix el nom de persones a qui ha sobreviscut. Encara que no ho vulgui reconèixer, se sent com si les hagués vençut en un duel. Està trist per tots els que ja no hi són, però justament per això se sent invencible. En quin altre lloc pot sentir-se així?

En quin camp de batalla del món pot ser l'únic supervivent? Es manté dret enmig de tots els que jeuen. Però també els arbres i les làpides es mantenen drets. Estan dreçats al seu voltant com una mena d'herència destinada a fer-li plaer.

Per contra, en aquest cementiri desert dels jueus no hi ha res. És la veritat mateixa, un paisatge lunar de la mort. A l'observador no li importa qui jeu sota terra. No s'ajup ni intenta esbrinar-ho. Aquí reposen tots apilats com un munt de runes i pedres, venen ganes de fugir-ne corrents, com un xacal. És el desert dels morts on ja no creix res, l'últim, el darrer de tots.

Havia avançat un tros quan vaig sentir uns crits darrere meu. Em vaig girar i vaig aturar-me. Prop de la porta, a la part interior del mur, també hi havia captaires. Eren homes vells, barbuts, alguns portaven crosses i uns altres eren cecs. Em vaig sobresaltar, perquè no els havia vist; com que el meu guia tenia tanta pressa, entre ells i jo devia haver-hi ben bé cent passes. Vaig dubtar de tornar a travessar aquell tros d'erm abans d'haver avançat una mica més. Però *ells* no van dubtar. Tres van separar-se del grup i es van dirigir cap a mi, ranquejant. El primer de tots era un home gros i ample d'espatlles de barba esponerosa. Només tenia una cama i es donava impuls amb les crosses. Ben aviat va passar davant els altres. Les lloses baixes no li suposaven cap entrebanc, col·locava les crosses al lloc adequat per no relliscar amb les pedres. Se'm va abalançar al damunt com un animal vell i amenaçador. Al seu rostre, que se m'acostava ràpidament, no s'hi veia res que despertés compassió. Com tot el seu cos, expressava un sol prec impetuós: «Soc viu! Dona'm alguna cosa!».

Jo tenia la sensació inexplicable que el vell volia esclafar-me amb el seu pes; em vaig espantar. El meu guia, un home lleuger i prim que es bellugava com un llangardaix, em va estirar abans que l'altre em toqués. No volia que donés res als captaires i els va dir alguna cosa en àrab, cridant. L'home gros de les crosses va provar de seguir-nos, però quan va veure que corríem més que ell, va desistir de la idea i es va parar. Encara vaig sentir els seus renecs irats una bona estona, i les veus dels altres, que s'havien quedat enrere, van unir-se a la seva en un cor malvat.

Em sentia alleugerit per haver-los esquivat, però em feia vergonya haver-los donat vanes esperances. L'atac del vell rancallós no s'havia frustrat per les pedres, que ell i les seves crosses coneixien bé; havia fracassat per l'agilitat del meu guia. No hi havia cap raó per vantar-se d'una cursa tan desigual. Volia conèixer una mica el nostre pobre enemic i vaig fer unes quantes preguntes al guia. Ell no va entendre ni una paraula del que li deia, i en comptes de respondre, se li va dibuixar a la cara un somriure estúpid i després va dir «oui», que repetia com un lloro. No sabia on em portava. Però després de l'episodi amb el captaire, el desert ja no era tan desert. Ell n'era l'habitant legítim, un guardià de pedres nues, de runa i d'ossades invisibles.

Però n'havia sobrevalorat la importància, perquè al cap de poc vaig topar amb una població sencera establerta en aquell lloc. Després de passar un petit monticle, vam arribar a una clotada i davant nostre hi va aparèixer una petita casa d'oració. A fora, en un semicercle, hi havia uns cinquanta captaires, homes i dones afectats de tots els mals imaginables, com una tribu en què predominaven els individus d'edat avançada. Seien a terra en grups virolats i, a poc a poc, amb parsimònia, van posar-se en moviment. Van començar a murmurar benediccions i estendre els braços. Però no se'm van apropar gaire abans que creués el llindar de la casa d'oració.

Al davant hi tenia una cambra minúscula i allargada on cremaven centenars d'espelmes en uns petits cilindres plens d'oli. La majoria estaven disposades en taules d'una alçada normal i, vistes des de dalt, semblaven un llibre obert. Unes quantes penjaven del sostre en uns recipients més grans. A cada costat de l'estança hi havia un home dret, encarregat, pel que semblava, de recitar l'oració. A prop seu, a les taules, s'hi veien algunes monedes. Al llindar vaig dubtar un moment, perquè no duia el cap cobert. El guia es va treure el seu casquet negre i me'l va oferir. Me'l vaig posar, no sense certes reserves, perquè estava molt brut. Els recitadors em van fer senyals i vaig acostar-me a les espelmes. No van pensar que pogués ser jueu, i jo tampoc no vaig resar cap oració. El guia va assenyalar les monedes i aleshores vaig entendre què s'esperava que fes. No m'hi vaig estar gaire estona. Sentia basarda en aquella cambra petita enmig del desert, tota plena d'espelmes, feta només d'espelmes. Les seves flames irradiaven una quietud silenciosa, com si res no pogués acabar mentre elles cremessin. Potser aquelles flames tènues eren tot el que quedava dels morts. Però a fora s'hi percebia, propera i densa, la vida apassionada dels captaires.

M'hi vaig tornar a barrejar, i aquesta vegada sí que van posar-se en moviment. Em van envoltar de tots costats, com si *els seus* defectes físics em poguessin passar inadvertits, i me'n van fer mostra en una mena de dansa enginyosa i alhora violenta. Em van agafar pel genoll i em van petonejar la jaqueta. Em va fer l'efecte que em beneïen totes les parts del cos. Era com si una multitud composta de boca, d'ulls i de nas, de braços i cames, de crosses i parracs, amb tot el que tenia, amb tot allò de què estava feta, *m'adrecés una pregària*. Em vaig espantar, però he d'admetre que estava commogut i que tot l'espant es va dissoldre en l'emoció. No havia sentit mai ningú tan proper físicament. En vaig oblidar la brutícia, tant me feia, no pensava en els polls. Sentia com de seductora pot arribar a ser la idea de deixar-se esbocinar viu per al bé dels altres. Aquesta veneració desmesurada sembla que justifica el sacrifici, i per força ha d'obrar miracles.

Però el guia va aconseguir rescatar-me de les mans dels captaires. Els seus drets eren més antics i encara no s'havien satisfet. Jo no tenia prou moneda petita per a tots. El guia va foragitar els descontents cridant com una fúria i em va agafar pel braç. Quan vam haver deixat enrere la casa d'oració, va dir tres vegades «oui» amb el seu somriure estúpid, encara que jo no li havia preguntat res. Tornant pel mateix camí, no semblava el terregall d'abans. Ara sabia on se'n concentraven la vida i la llum. El vell amb crosses de la porta, el que havia emprès la cursa ple d'energia, em va ventar una mala mirada, però no va dir res i va guardar-se els renecs. Jo vaig sortir per la porta del cementiri i el guia va esfumar-se tan de pressa com havia aparegut i pel mateix lloc. Potser vivia en una escletxa del mur del cementiri i no en sortia gairebé mai. No se'n va anar sense rebre el que li pertocava i a l'hora d'acomiadar-se va dir «oui».

LA FAMÍLIA DAHAN

L'endemà al matí, quan vaig tornar al mel·lah, vaig anar de dret a la placeta que havia batejat com «el cor» del barri i després a l'escola, on tenia un deute amb el mestre de cara inexpressiva. L'home em va rebre com la primera vegada, exactament de la mateixa manera, i potser hauria repetit i tot la demostració de lectura, però m'hi vaig avançar i li vaig donar el que creia que li devia. Ell va agafar els diners amb una esgarrapada, sense pensar-s'ho dues vegades i amb un somriure que feia que el rostre li semblés encara més petrificat i estúpid. Em vaig passejar una estona entre la canalla i en vaig observar els moviments rítmics que m'havien impressionat tant el dia abans. Tot seguit vaig sortir de l'escola i vaig vagarejar una estona pels carrerons del mel·lah. Les ganes d'entrar en una casa havien crescut. Aquesta vegada no me n'aniria del mel·lah sense haver vist l'interior d'una casa. Però com ho faria per entrar-hi? Necessitava un pretext, i la fortuna va fer que de sobte se me'n presentés un.

Em vaig aturar davant una casa gran, l'entrada de la qual es distingia de la resta de cases del carrer perquè era molt vistosa. La porta estava oberta. Vaig donar una ullada a un pati a l'altra punta del qual seia una dona jove, bruna i radiant. Potser havia sigut ella la que havia atret la meva atenció. Al pati hi havia canalla jugant, i com que ja tenia una certa experiència amb escoles, se'm va acudir que podia prendre la casa per un col·legi i fer veure que m'interessaven els nens.

Palplantat a l'entrada, tenia els ulls fixos a dins, en la dona, quan de sobte un home jove i espigat que m'havia passat inadvertit va separar-se del fons del pati i va venir cap a mi. Era prim, anava capalt i portava una túnica ondulant que li donava un aire molt distingit. Es va parar davant meu, em va llançar una mirada seriosa i escrutadora i em va preguntar en àrab què volia. Jo li vaig respondre en francès:

—És una escola, això?

No em va entendre, va dubtar un moment, va dir «Attendez!» i se'n va anar. No era l'única paraula francesa que va pronunciar, perquè, quan va tornar amb un noi més jove que duia un elegant vestit europeu, com si fos un dia de festa, va dir «mon frère» i «parle français».

Aquest germà petit tenia una cara plana i camusa de pagès i era molt bru. Amb una altra indumentària l'hauria pres per berber, però no un de gaire ben plantat. Parlava francès, en efecte, i em va demanar què volia.

—És una escola, això? —vaig tornar a preguntar, una mica avergonyit, perquè no m'havia pogut estar de donar un altre cop d'ull a la dona del pati, cosa que no havia passat desapercebuda.

—No —va dir el germà petit—. Ahir hi va haver un casament.

—Un casament? Ahir?

Jo estava molt sorprès, qui sap per què, i davant la meva calorosa reacció al jove li va semblar oportú afegir:

—Es va casar el meu germà.

Amb un lleu moviment de cap, el noi va assenyalar el germà gran, que jo trobava tan refinat. En aquell moment hauria hagut d'agrair la informació i continuar el meu camí. Però vaig vacillar un moment, i el jove espòs va dir, fent un gest d'invitació:

—*Entrez!* Passi!

El germà va afegir:

—Vol veure la casa?

Jo li vaig donar les gràcies i vaig entrar al pati.

Els nens —a la vora d'una dotzena— van apartar-se per deixar-me passar. Vaig travessar el pati acompanyat dels dos germans. La dona jove i radiant es va aixecar —era més jove del que m'havia imaginat, devia tenir setze anys— i, quan me la va presentar, el germà petit em va dir que era la seva cunyada. Era la que s'havia casat el dia abans. Van obrir la porta d'una cambra situada a l'altre extrem del pati i em van convidar a entrar-hi. L'habitació, força petita, neta i pulcrament endreçada, estava moblada a l'europea: a l'esquerra de la porta hi havia un gran llit de matrimoni, a la dreta una gran taula quadrada coberta amb un tapet de vellut verd fosc. Al fons, a la paret, s'hi veia un bufet amb ampolles i copetes de licor. Les cadires al voltant de la taula completaven el quadre; tenia el mateix aire que la casa modesta de qualsevol família petitburgesa francesa. Ni un sol objecte no delatava el país on érem. Segur que era la millor habitació de totes, encara que qualsevol altra m'hauria interessat més que aquella. Però els amfitrions creien que així em complimentaven.

La noia, que entenia el francès però amb prou feines badava boca, va treure una ampolla i unes copetes del bufet i em va servir un aiguardent molt fort que destil·len els jueus aquí. Es diu «màhia» i en beuen molt. Parlant amb musulmans, que no poden beure gens d'alcohol, sovint havia tingut la sensació que envejaven els jueus per aquest aiguardent. El germà petit em va convidar a beure. Ens havíem assegut tots tres, ell, la seva cunyada i jo, mentre que el gran, el nuvi, va quedar-se un moment a la porta per cortesia i després se'n va anar. Devia tenir coses a fer, i com que de totes maneres no m'entenia, em confiava a la seva dona i al seu germà petit.

La dona em mirava amb uns ulls marrons impertorbables, no desviava la mirada de mi, però ni la més petita ganyota de la seva cara no revelava què pensava. Duia un vestit florejat molt senzill que devia haver comprat en uns grans magatzems francesos i feia joc amb el parament de la sala. El seu jove cunyat, amb el vestit blau marí, ridículament ben planxat, semblava que acabés de sortir de l'aparador d'una sastreria de París. L'única cosa que desentonava en tota l'habitació era la pell fosca de tots dos.

Durant l'intercanvi de preguntes educades que em feia el jove i que jo mirava de contestar amb la mateixa educació però una mica menys de rigidesa, pensava tota l'estona que aquella noia bonica i silenciosa que seia davant meu acabava de sortir del llit nupcial. Ja érem a mig matí, però segur que avui s'havia llevat tard. Jo era el primer estranger que veia des que s'havia produït aquell canvi tan transcendental en la seva vida. La meva curiositat per ella era comparable a la que ella sentia per mi. Havien sigut els seus ulls els que m'havien fet a entrar a la casa, i ara em mirava de fit a fit, sense dir res, mentre jo parlava pels descosits, però no amb ella. Recordo que durant aquella trobada em sentia ple d'una esperança absurda. Esperava que ella em comparés amb el seu marit, que m'havia agradat tant; volia que el triés a ell, que preferís aquell home senzill, altiu i digne a la meva arrogant condició d'estranger, darrere la qual potser entreveia poder i riquesa. Desitjava la meva derrota i la felicitat per al seu matrimoni.

El jove em va preguntar d'on era jo.

—D'Anglaterra —vaig dir—, de Londres.

M'havia acostumat a donar aquesta resposta simplificada per no confondre la gent. Vaig advertir en el noi una lleu decepció, però encara no sabia què s'hauria estimat més sentir.

—Ha vingut aquí de visita?

—Sí, no havia estat mai al Marroc.

—Ha anat a la Badia?

Va començar a preguntar-me sobre tots els llocs d'interès oficials de la ciutat: si havia estat aquí o allà, i al final se'm va oferir com a guia. Jo sabia que era impossible veure res si t'encomanaves a un guia local, i per frustrar les seves expectatives com més aviat millor i canviar de tema de conversa, vaig explicar que havia vingut a Marràqueix amb una productora cinematogràfica anglesa i que el paixà en persona ens havia facilitat un guia. En realitat, jo no tenia res a veure amb la pel·lícula. Però un amic anglès que la produïa m'havia convidat al Marroc, i un altre amic, un jove americà, hi feia un paper.

Les meves explicacions van tenir l'efecte esperat. El noi no va insistir més a ensenyar-me la ciutat, però unes altres perspectives se li van obrir davant els ulls. No teníem pas una feina per a ell? Era un manetes. Feia temps que estava a l'atur. La seva cara, que tenia un aire apàtic i sorrut, m'havia resultat inextricable fins en aquell moment; reaccionava tan a poc a poc que acabaves pensant que no hi era tot. Però ara entenia que era el seu vestit el que m'havia confós sobre la seva situació. Potser tenia un posat sorrut perquè feia temps que estava sense feina, i potser la seva família li ho retreia. Jo sabia del cert que totes les places de la productora del meu amic feia temps que estaven cobertes, i li ho vaig dir de seguida perquè no es fes il·lusions. De sobte se'm va acostar per sobre de la taula i em va preguntar:

—Êtes-vous israélite?

Li vaig dir que sí, entusiasmat. Era molt agradable poder donar per fi una resposta afirmativa, i també sentia curiositat per veure l'efecte que tindria en ell aquesta confessió. La cara se li va esclarir i va ensenyar unes dents grosses i grogoses. Es va girar cap a la seva cunyada, que seia davant meu, a una certa distància, i va bellugar el cap vigorosament per transmetre-li l'alegria per la notícia. Ella no es va immutar. Més aviat em va semblar desenganyada; potser s'hauria estimat més un estranger del tot estranger. Ell continuava somrient d'orella i orella, i quan vaig començar a fer-li preguntes, va contestar amb més desimboltura de la que m'hauria esperat.

Em va explicar que la cunyada era originària de Mazagan. La casa no solia estar tan plena. Els parents havien vingut de Casablanca i Mazagan pel casori i havien portat els fills. Tots s'allotjaven a la casa, i per això hi havia tanta gent al pati, cosa no gens habitual. Ell es deia Élie Dahan, i va enorgullir-se de saber que jo em deia igual. El seu germà era rellotger, però no tenia negoci propi, sinó que treballava per a un altre rellotger. Em van encoratjar insistentment a beure i em van oferir fruita confitada com la que solia fer la meva mare. Vaig beure una mica, però vaig refusar la fruita d'una manera educada —potser perquè m'era massa familiar—, i això per fi va provocar una reacció clara al rostre de la cunyada: disgust. Vaig explicar que els meus avantpassats provenien d'Espanya i vaig preguntar si al mel·lah hi quedaven parlants de castellà antic. Ell no en coneixia cap, però havia sentit parlar de la història dels jueus a Espanya, i aquesta noció vaga era el primer que semblava anar més enllà de la seva indumentària francesa i les circumstàncies del seu entorn proper. En acabat va tornar a fer-me preguntes: quants jueus hi havia a

Anglaterra? Com els anaven les coses? Els tractaven bé? Hi havia entre ells algun home important? De sobte vaig sentir com un deure d'agraïment fervorós envers el país on havia prosperat i fet amics, i perquè ell m'entengués, li vaig parlar d'un jueu anglès que havia aconseguit un gran prestigi polític, Lord Samuel.

—Samuel? —va preguntar ell, i la cara se li va tornar a esclarir de tal manera que vaig suposar que sabia de qui parlava i en coneixia la carrera. Però m'equivocava, perquè es va girar cap a la dona jove i va dir:— És el cognom de la meva cunyada. El seu pare es diu Samuel.

Vaig llançar-li una mirada interrogant, i ella va fer que sí amb el cap enèrgicament.

A partir d'aquell instant les preguntes de l'Élie es van tornar més atrevides. La idea d'un parentesc llunyà amb Lord Samuel, que, com li havia explicat, havia sigut membre del govern anglès, el va abrivar. Hi havia altres israelites a la nostra productora? Un, li vaig dir. Per què no el feia venir? Li ho vaig prometre. Hi havia cap americà a l'equip? Per primera vegada va pronunciar la paraula *americà*; em vaig adonar que per a ell era una paraula meravellosa i vaig entendre per què al principi l'havien defraudat els meus orígens anglesos. Li vaig parlar del meu amic americà, que s'estava al nostre mateix hotel, però vaig haver d'admetre que no era «israélite».

El germà gran va tornar a l'habitació; potser trobava que la visita s'allargava massa. Va donar un cop d'ull a la seva dona, que continuava mirant-me fixament. Vaig pensar que m'havia quedat per ella i que no havia perdut l'esperança de parlar-hi. Vaig dir al germà petit que, si volia, podia venir a veure'm a l'hotel i em vaig alçar de la butaca. Vaig acomiadar-me de la dona jove. Els dos germans em van acompanyar a fora. El nuvi es va col·locar davant el portal, com si volgués barrar-me el pas, i se'm va ocórrer que potser esperava una remuneració per la visita a la casa. Però al mateix temps no el volia ofendre, m'havia fet una bona impressió, i vaig trobar-me en un destret. La mà, que s'havia anat apropant a la butxaca, va aturar-se a mig camí i la vaig sorprendre com si es disposés a rascar-me. El germà petit em va socórrer i va dir alguna cosa en àrab. Vaig sentir la paraula *jehudi*, 'jueu', referida a mi, i em van acomiadar amb una encaixada de mans amistosa però una mica contrariada.

L'endemà mateix l'Élie Dahan va presentar-se al meu hotel. No m'hi va trobar i va tornar-hi més tard. Jo me n'absentava sovint i ell no m'ensopegava mai; potser es va pensar que em negava a rebre'l. La tercera o quarta vegada per fi m'hi va trobar. El vaig convidar a prendre un cafè i va acompanyar-me a la plaça de Jemaa el-Fna, on ens vam asseure a la terrassa d'un dels cafès. L'Élie anava vestit exactament com el dia abans. Al principi amb prou feines va dir res, però fins i tot de la seva cara inexpressiva se'n podia deduir que alguna cosa l'afeixugava. Un vell que venia safates de llautó gravades es va atansar a la nostra taula; pel casquet negre, per la roba i la barba, era fàcil reconèixer-hi un jueu. L'Élie es va inclinar cap a mi amb un aire misteriós i, com si m'hagués de confiar una notícia excepcional, va dir:

—C'est un israélite.

Jo vaig fer que sí amb el cap, satisfet. Al nostre voltant hi seien molts àrabs i un o dos europeus. Un cop va restablir-se així entre nosaltres l'entesa del dia abans, ell va asserenar-se i es va decidir a fer-me una petició.

Em va preguntar si podia fer arribar una carta al comandant de la base de Ben Guérir, perquè volia treballar per als americans.

—Quina mena de carta? —li vaig preguntar.

—Digui-li al comandant que m'ha de donar feina.

—Però si no el conec de res, el comandant.

—Escrigui-li una carta —va repetir ell, com si no m'hagués sentit.

—No el conec, el comandant —li vaig tornar a dir.

—Digui-li que m'ha de donar feina.

—Però si no sé ni com es diu. Com vols que li escrigui?

—Ja l'hi diré jo, el nom.

—Quina classe de feina hi voldries fer?

—Comme plongeur —va dir, i em va semblar recordar que un *plongeur* era algú que rentava els plats.

—Hi has estat mai, a la base?

—Vaig treballar de *plongeur* per als americans —va dir, orgullós.

—A Ben Guérir?

—Sí.

—I per què te'n vas anar?

—Em van despatxar —va dir ell, igualment cofat.

—Quant temps fa d'això?

—Un any.

—Per què no proves de tornar-t'hi a presentar?

—Els marroquins no poden entrar a la base. Només els que hi treballen.

—Però per què et van despatxar?... Potser vas plegar per iniciativa pròpia? —vaig afegir per no ofendre'l.

—No hi havia prou feina. Van despatxar molta gent.

—Doncs no t'agafaran, si no hi ha feina.

—Escrigui-li al comandant que m'ha de donar feina.

—Una carta meva no tindria cap efecte, perquè no el conec de res.

—Amb una carta em rebrà.

—Però és que no soc ni americà, jo. Ja et vaig dir que soc anglès. Que no te'n recordes?

Va arrufar les celles. Era el primer cop que parava atenció a una de les meves objeccions. Va pensar-s'hi un moment i va dir:

—El seu amic és americà.

Ara ho començava a entendre. Jo, l'amic de carn i ossos d'un americà de carn i ossos, havia d'escriure una carta al comandant de la base de Ben Guérir demanant que agafés l'Élie Dahan com a *plongeur*.

Li vaig dir que parlaria amb el meu amic americà. Segur que ell sabria què fer en un cas així. Potser podria escriure la carta ell mateix, però abans li ho havia de preguntar. Sabia del cert que no coneixia el comandant.

—Escrigui que també ha de donar feina al meu germà.

—El teu germà? El rellotger?

—Tinc un germà més petit. Es diu Simon.

—I a què es dedica?

—És sastre. També ha treballat per als americans.

—De sastre?

—Comptava peces de roba.

—I també fa un any que va plegar?

—No. El van despatxar fa quinze dies.

—Això vol dir que tampoc no hi ha feina per a ell.

—Escrigui-li per a tots dos. Li donaré el nom del comandant. Escrigui-li des del seu hotel.

—Parlaré amb el meu amic.

—Li va bé que vagi a buscar la carta a l'hotel?

—Torna d'aquí a dos o tres dies. N'hauré parlat amb el meu amic i et podré dir si està disposat a escriure-us la carta.

—Vostè no el sap, el nom del comandant?

—No. M'has dit que me'l portaràs tu, oi?

—Vol que li dugui el nom del comandant a l'hotel?

—Sí, fem-ho així.

—Avui mateix li duré el nom del comandant. I vostè li

escriu una carta dient-li que ens doni feia a mi i al meu germà.

—Porta-me'l demà. —Jo començava a perdre la paciència.— No et puc prometre res abans d'haver parlat amb el meu amic.

Maleïa el moment en què havia trepitjat la casa de la seva família. Ara vindria a l'hotel cada dia, més d'una vegada i tot, i cada cop repetiria la mateixa frase. No hauria hagut d'acceptar mai l'hospitalitat d'aquella gent. I just en aquell moment em va dir:

—Li agradaria tornar a casa nostra?

—Ara? No, ara no puc. Ho haurem de deixar per a un altre dia.

Em vaig aixecar i vaig sortir de la terrassa. Ell es va posar dret, indecís, i em va seguir. Vaig notar que dubtava, i quan havíem fet uns quants passos, em va preguntar:

—Ha pagat?

—No.

Me n'havia oblidat. En l'intent d'alliberar-me d'ell com més aviat millor, havia oblidat pagar el cafè que li havia ofert. Em vaig avergonyir del descuit i la irritació va desaparèixer. Vaig recular, vaig pagar el cafè i vam enfilar plegats el carrer que duia al mel·lah.

Aleshores l'Élie va adoptar el paper de guia i em va ensenyar tot de llocs que jo ja coneixia. Les seves explicacions consistien sempre en dues frases: «Allò d'allà és la Badia. Ja hi ha estat, a la Badia?», «Allò d'allà són els orfebres. Ja els ha vist, els orfebres?».

Les meves respostes eren igualment estereotipades: «Sí, ja hi he estat», o «Sí, ja els he vist». Jo només volia que no em dugués enlloc. Però ell s'havia proposat ser-me útil, i la determinació d'un enze és indestructible. Quan vaig veure que no baixava del burro, li vaig posar un parany. Li vaig preguntar per la Berrima, el palau del sultà. No havia tingut ocasió d'anar-hi, vaig dir, tot i que sabia que no s'hi podia entrar.

—La Berrima? —va repetir ell, complagut—. És on viu la meva tia. Vol que l'hi porti?

No podia dir que no, encara que em costava d'entendre quin paper podia tenir la seva tia al palau del sultà. Hi feia de portera? De bugadera? De cuinera? M'atreia molt la idea d'accedir al palau d'aquesta manera. Potser podria fer amistat amb la tia en qüestió i conèixer de prop la vida cortesana.

Anant cap a la Berrima, vam posar-nos a parlar d'El Glaoui, el paixà de Marràqueix. Uns quants dies abans havien atemptat contra el nou sultà del Marroc a la mesquita del barri. El servei religiós era l'única oportunitat de què disposaven els criminals d'acostar-se al rei. El nou sultà era un home d'edat avançada. Era l'oncle de l'anterior, que els francesos havien deposat i expulsat del Marroc. Home de palla dels francesos, el Partit de la Llibertat combatia l'oncle sultà amb tots els mitjans possibles. Entre els seus compatriotes només tenia el suport incondicional d'El Glaoui, el paixà de Marràqueix, conegut des de feia dues generacions com l'aliat més fidel dels francesos. El Glaoui havia acompanyat el nou sultà a la mesquita i havia abatut allà mateix l'autor de l'atemptat. El sultà només havia resultat ferit lleument.

Poc abans d'aquest fet jo havia anat a passejar amb un amic per aquella part de la ciutat. Per casualitat vam anar a parar davant la mesquita i ens vam parar a contemplar la gentada que esperava l'arribada del sultà. La policia estava molt nerviosa, perquè ja s'havien comès diversos atemptats, i actuava d'una manera maldestra i sorollosa. A nosaltres també van fer-nos fora bruscament, però els autòctons els escometien a crits, tot i que estaven situats just allà on se'ls havia dit. En aquestes condicions vam perdre les ganes d'esperar el sultà i vam reprendre el camí. Mitja hora després va produir-se l'atemptat i la notícia va córrer per la ciutat com una reguera de pólvora... Ara tornava a passar pels mateixos carrers amb el meu nou acompanyant, i això és el que em va portar a parlar-li d'El Glaoui.

—El paixà odia els àrabs —va dir l'Élie—. Estima els jueus. És amic dels jueus. No permet que els passi res.

Parlava més i més de pressa que de costum, i sonava d'una manera estranya, com si s'ho hagués après de memòria d'un llibre d'història vell. Ni tan sols el mel·lah no m'havia semblat tan medieval com les paraules sobre El Glaoui. Li vaig llançar una mirada furtiva mentre repetia les mateixes paraules. «Els àrabs són els seus enemics. Els jueus li fan costat. Parla amb els jueus. És amic dels jueus.» L'Élie preferia el títol de «paixà», que en denotava la dignitat, al cognom «Glaoui». Cada vegada que jo deia «El Glaoui», ell replicava «el paixà». A la seva boca sonava com la paraula *comandant*, amb què poc abans m'havia fet sortir de polleguera. Tot i això, la seva paraula més preuada i prometedora continuava sent, malgrat El Glaoui, *americà*.

Mentrestant, a través d'un portal petit havíem entrat en un barri situat fora de la ciutat emmurallada. Les cases eren d'una sola planta i tenien un aspecte miserable. Als carrerons sinuosos amb prou feines s'hi veia ningú, aquí i allà un parell de nens jugant. Em preguntava com arribaríem al palau per aquell camí, quan l'Élie es va aturar davant una de les cases més modestes i va dir:

—Aquí és on viu la meva tia.

—Que no viu a la Berrima?

—Això és la Berrima —va fer ell—, tot el barri es diu així.

—Hi viuen jueus?

—Sí —va respondre—, el paixà ho ha autoritzat.

—N'hi ha gaires?

—No, la majoria són àrabs. Però també hi ha uns quants jueus. Li agradaria conèixer la meva tia? La meva àvia també viu aquí.

Jo estava molt content de poder veure una altra casa per dintre i em vaig considerar afortunat que es tractés d'una casa tan senzilla i humil. Estava complagut amb el canvi; i si l'hagués entès d'entrada, m'hauria fet més il·lusió que una visita al palau del sultà.

L'Élie va trucar a la porta i vam esperar un moment. Va aparèixer una dona jove, ferma, de faccions franques i amables. Ens va convidar a entrar, però se la veia una mica torbada, perquè estaven pintant les habitacions i no ens podia rebre com ens corresponia. La dona ens va conduir a un pati minúscul al qual donaven tres cambres petites. L'àvia de l'Élie, que no semblava gaire gran, era allà i ens va rebre amb un somriure, tot i que no em va fer la impressió que estigués gaire orgullosa del seu net.

Tres nens bellugueajaven pel pati i cridaven a plens pulmons. Eren molt petits i volien que els prenguessin en braços; la fressa que movien els dos més menuts era eixordadora. L'Élie parlava animadament amb la seva tia, semblava que li donessin corda. El seu àrab va adoptar una certa vehemència de la qual no l'hauria cregut capaç, però potser això era per la naturalesa de la llengua.

La tia em va agradar. Era una dona jove i ben plantada que em mirava amb estranyesa, però sense gens d'adulació. A primera vista recordava les dones orientals que va pintar Delacroix. Tenia la mateixa forma llargaruda i plena de la cara, el mateix contorn dels ulls, el mateix nas recte i una mica massa llarg. Com que el pati era molt petit, jo era molt a prop d'ella, les nostres mirades van convergir en una naturalitat plaent. Em sentia tan colpit que vaig abaixar els ulls, però llavors li vaig veure les empenyes, tan fortes i atractives com el rostre. M'hauria agradat seure al seu costat. Ella callava mentre l'Élie continuava parlant i la canalla cridava més i més fort. La seva mare no era gaire més lluny que ella. «Segur que notarà alguna cosa», vaig pensar, i em vaig sentir incòmode. Els quatre mobles de la casa estaven apilats al pati; les habitacions, de les quals es veia l'interior, estaven buides, no hi havia cap seient enlloc. Les parets estaven emblanquinades de nou, com si la família s'acabés d'instal·lar a la casa. La dona jove feia la mateixa olor de net que les parets. Vaig provar d'imaginar-me el seu marit i em va fer enveja. Em vaig inclinar davant seu, vaig estrènyer la mà a la mare i a ella i em vaig girar per marxar.

L'Élie em va seguir. A fora, al carrer, va dir:

—Li ha sabut greu que les trobés endreçant la casa.

Jo no em vaig poder estar de dir-li:

—La teva tia és una dona molt bonica.

Ho havia de dir a algú, i potser esperava, contra tota raó, que ell respongués: «M'ha dit que li agradaria tornar-lo a veure». Però no va dir res.

Era tan indiferent a la meva debilitat inexplicable, que em va suggerir que anéssim a veure un oncle seu. Vaig acceptar la proposta, una mica avergonyit per haver-me delatat; potser havia obrat en contra d'algun costum. Un oncle lleig o avorrit compensaria la bellesa de la tia.

Pel camí l'Élie em va posar al corrent de les seves complexes relacions familiars. De fet, eren més abundants que complexes, tenia parents en un grapat de ciutats del Marroc. Jo vaig conduir la conversa cap a la cunyada que havia vist el dia abans i li vaig preguntar pel seu pare, que vivia a Mazagan.

—C'est un pauvre —va dir—, un pobre.

Era, com bé es recordarà, l'home que es deia Samuel. No tenia un cèntim. La seva dona treballava per a ell, havia pujat la família tota sola. Li vaig preguntar si a Marràqueix hi havia gaires jueus pobres.

—Dos-cents cinquanta —va respondre—. La comunitat els dona menjar.

Per «pobres» l'Élie entenia la gent que demana caritat, i ell es desmarcava clarament d'aquella categoria.

L'oncle que anàvem a veure tenia una petita parada fora del mel·lah on venia teles de seda. Era un home prim, baix, pàl·lid i trist de poques paraules. La seva parada no era gens concorreguda, ningú no s'hi va acostar mentre hi vam ser. Semblava que tots els transeünts fessin marrada per evitar-la. Va contestar les meves preguntes en un francès correcte però lacònic. El negoci anava de mal en pitjor. Ningú no comprava res. La gent no tenia diners. D'estrangers tampoc n'hi havia, per culpa dels atemptats. Ell era un home silenciós, i els atemptats feien massa esvalot. La seva queixa no era amarga ni exaltada: pertanyia a la mena de persones que sempre pensen que un estrany els pot estar escoltant, i la seva veu era tan apagada que amb prou feines l'entenia.

El vam deixar com si mai no l'haguéssim anat a veure. Tenia ganes de preguntar a l'Élie com s'havia comportat aquest oncle al casament. Al capdavall, només feia dos dies que la família havia celebrat la seva gran festa. Però vaig reprimir la pregunta, una mica maliciosa, que de totes maneres ell no hauria entès, i vaig dir que havia de tornar a casa. L'Élie em va acompanyar a l'hotel. Pel camí encara va tenir temps d'ensenyar-me la rellotgeria on treballava el seu germà. Hi vaig donar una ullada des de fora i el vaig veure inclinat sobre una taula, examinant amb una lupa les peces petitíssimes d'un rellotge. No el vaig voler destorbar i hi vaig passar de llarg.

Davant l'hotel em vaig parar per acomiadar-me de l'Élie. La generositat que havia demostrat presentant-me els seus parents li havia tornat a aixecar l'ànim i va treure el tema de la carta.

—Li duré el nom del comandant —va dir—, demà mateix.

—Sí, sí —vaig fer jo, i vaig entrar corrents a l'hotel, frisant perquè fos l'endemà.

A partir de llavors va presentar-se a l'hotel cada dia. Si jo no hi era, feia la volta a l'illa de cases i tornava. Si jo continuava sense aparèixer, es plantava al xamfrà, davant l'entrada, i m'hi esperava pacientment. Els dies que s'hi veia amb cor, s'asseia al vestíbul. Però només s'hi estava uns minuts. Li feia respecte el personal àrab de l'hotel, que el tractava amb desdeny potser perquè advertien que era jueu.

Va aparèixer amb el nom del comandant. Però també va dur tots els documents que havia acumulat al llarg de la vida. No els va portar tots d'un sol cop. Cada dia n'hi afegia un o dos de nous que mentrestant havia recordat. Semblava convençut que, si m'ho proposava, era perfectament capaç de redactar la instància per al comandant de Ben Guérir; i de l'efecte de la instància un cop redactada, no en tenia cap mena de dubte. Els papers tenien un caràcter inapel·lable quan al peu hi constava el nom d'un estranger. Em va portar referències de tots els llocs on havia treballat; era veritat que havia fet de *plongeur* per als americans. Em va portar els certificats del seu germà Simon. No venia mai sense treure's un paper de la butxaca i posar-me'l davant el nas. Solia esperar un moment que la lectura fes efecte i llavors em suggeria modificacions a la carta que jo havia d'escriure al comandant.

Mentrestant jo havia tractat en detall tot l'assumpte amb el meu amic americà, que es va oferir a recomanar l'Élie Dahan als seus compatriotes, tot i que no augurava res de bo per al noi. No coneixia el comandant ni cap altra persona que pogués influir en l'adjudicació de feines. Però cap de nosaltres no volia defraudar les esperances de l'Élie, i finalment vam escriure la carta.

Em vaig sentir alleujat quan vaig poder rebre'l amb aquesta notícia i, per variar, ficar-me la mà a la butxaca i treure'n un paper.

—Llegeixi-me-la! —va dir ell amb malfiança i una certa aspror.

Vaig llegir el text anglès de cap a cap, i encara que era conscient que ell no n'entenia ni una paraula, vaig llegir-lo tan a poc a poc com vaig poder.

—Tradueixi-m'ho! —va dir l'Élie sense immutar-se.

Li ho vaig traduir i vaig donar a les paraules en francès una nota emfàtica i solemne. Després li vaig lliurar la carta. Ell hi va buscar alguna cosa i en va comprovar la firma. La tinta no era gaire fosca i va fer un gest de desaprovació amb el cap.

—El comandant no ho podrà llegir, això —va dir, i em va tornar la carta. Sense cap mirament, va afegir:— Escrigui'm tres cartes. Si el comandant no contesta la primera, enviaré la segona a una altra base.

—Per a què necessites la tercera? —vaig preguntar per dissimular la meva estupefacció davant la seva insolència.

—És per a mi —va dir ell, orgullós.

Vaig entendre que volia incorporar-la a la seva col·lecció de documents; la idea que aquesta tercera carta era per a ell la més important de totes semblava irrefutable.

—Escrigui-hi la seva adreça —va afegir; l'hotel no s'esmentava enlloc, era això el que havia trobat a faltar.

—Però això no té cap sentit —li vaig dir—. Nosaltres ens n'anirem aviat. Si et volen contestar la carta, necessitaran la teva adreça!

—Escrigui-hi la seva adreça! —va respondre ell, impertorbable; la meva rèplica no li havia produït cap efecte.

—Entesos —vaig dir—, però la teva adreça també hi ha de constar; si no, tot plegat no servirà de res.

—No —va fer—, posi-hi el nom de l'hotel!

—Però què passarà si et volen oferir una feina? Com et localitzaran? Nosaltres marxem la setmana que ve, i no crec que la resposta arribi tan aviat.

—Posi-hi el nom de l'hotel!

—L'hi diré al meu amic. Espero que no s'enfadi per haver de tornar a escriure la carta. —No em vaig poder estar de reprendre'l per la seva tossuderia.

—Tres cartes —va ser la seva resposta—. Posi el nom de l'hotel a totes tres cartes.

Me'n vaig acomiadar, enrabiat; esperava no tornar-lo a veure mai més.

L'endemà va presentar-se a l'hotel amb una expressió particularment solemne i em va preguntar:

—Li agradaria conèixer el meu pare?

—On és? —vaig preguntar.

—A la botiga. Ell i el meu oncle porten un negoci junts. És a dos minuts d'aquí.

Vaig acceptar la proposta i ens hi vam dirigir. La botiga era al carrer modern que duia del meu hotel a la Bab Agenaou. Havia fet aquell trajecte moltes vegades, més d'un cop al dia, i havia vist els comerços que hi havia a banda i banda del carrer. Entre els propietaris d'aquells negocis hi havia molts jueus, les seves cares començaven a ser-me familiars. Vaig pensar que un d'ells podia ser el seu pare i els vaig passar revista mentalment. Quin devia ser?

Però havia subestimat el nombre i la diversitat d'aquelles botigues, perquè, així que vaig entrar a la del pare de l'Élie, em vaig començar a estranyar de no haver reparat abans en un negoci tan extraordinari. Estava ple fins a dalt de sucre de tot tipus, tant en piles com en sacs. A diferents alçades, als prestatges de tot al voltant, no hi havia res més que sucre. No havia vist mai una botiga on l'únic producte a la venda fos sucre, i vaig trobar aquest fet, qui sap per què, molt divertit. El pare no hi era, però l'oncle sí, i me'l van presentar. Era un homenet desagradable i eixut de semblant amargat que inspirava desconfiança. Vestia a l'europea, però el seu vestit brutejava, i es veia que la brutícia era una barreja estranya de sucre i pols del carrer.

El pare no era lluny i van enviar algú a buscar-lo. Mentrestant, com aquí és costum, em van preparar un te de menta. Però davant la formidable dolcesa del local, només la idea d'haver de beure-me'l em va provocar nàusees. L'Élie va explicar en àrab que jo era de Londres. Un home que duia un barret europeu i que havia pres per un client se'm va atansar i va dir en anglès: «Jo soc britànic». Era un jueu de Gibraltar i el seu anglès era força bo. Es va interessar pels meus negocis, però com que no n'hi podia dir res, vaig repetir la vella història de la pel·lícula.

Vam continuar enraonant mentre jo bevia el te a xarrups, fins que va arribar el pare de l'Élie. Era un home garrit amb una magnífica barba blanca. Duia un casquet negre i anava vestit a l'estil dels jueus marroquins. Tenia el cap gran i rodó i el front ample, però el que més em va cridar l'atenció van ser els seus ulls riallers. L'Élie va posar-se al seu costat i va dir, fent un gest cerimoniós:

—Je vous présente mon père.

No li havia sentit dir mai res amb tanta serietat i convicció. *Père* va sonar a la seva boca d'una manera sublim, no hauria pensat mai que una persona tan toixa pogués assolir tal elevació. *Père* evocava moltes més coses que *americà*, i em vaig alegrar que del comandant no en quedés gairebé res. Vaig estrènyer la mà de l'home i li vaig mirar els ulls riallers. Ell va preguntar al seu fill, en àrab, sobre la meva procedència i el meu nom. Com que no parlava gens de francès, el fill es va situar entre nosaltres dos i es va convertir, en contra del seu tarannà habitual, en el nostre sol·lícit intèrpret. Va explicar-li d'on venia i que era jueu, i va dir-li el meu nom. De la manera com el va pronunciar, amb la seva veu apàtica, gairebé sense articular, em va costar de reconèixer-lo.

—E-li-as Ca-ne-tti? —va repetir el pare en un to interrogador i vacil·lant.

Va dir el nom uns quants cops en veu baixa, separant-ne les síl·labes marcadament. A la seva boca el nom va tornar-se més bonic i important. No em mirava, tenia els ulls fixos davant seu, com si el nom fos més real que jo mateix, com si valgués la pena d'examinar-lo. Jo l'escoltava amb sorpresa i emoció. En la seva salmòdia era com si el meu nom pertanyés a una llengua singular, que desconeixia. Va sospesar-lo generosament quatre o cinc vegades; em va semblar que sentia la dringadissa dels pesos. No estava gens preocupat, aquell home no era cap jutge. Sabia que trobaria el sentit i la transcendència del meu nom; i quan ho va haver aconseguit, va alçar la vista i em va tornar a somriure amb els ulls.

Palplantat allà, semblava que em volgués dir que el nom era bo, però que no existia cap llengua en què me'l pogués dir. Li ho vaig llegir a la cara, i vaig sentir un afecte incontenible per ell. No hauria gosat mai imaginar-me'l tal com era. El seu fill estúpid, el seu germà amargat, tots dos pertanyien a un altre món, i només el rellotger havia heretat alguna cosa de la seva presència, però no era allà, amb nosaltres, i entre tant de sucre tampoc no hi hauria cabut. L'Élie esperava que jo digués alguna cosa, però no vaig obrir boca. Vaig callar per respecte, però potser també per no rompre l'encís meravellós de la salmòdia del meu nom. Vam quedar-nos així, l'un davant de l'altre, una bona estona. Tant de bo entengués per què no podia dir res, vaig pensar, tant de bo els meus ulls poguessin somriure com els seus. Hauria sigut degradant confiar alguna cosa a aquell intèrpret, *cap* intèrpret no em semblava prou bo per a aquell home.

El pare esperava pacientment mentre jo perseverava en el meu silenci. Finalment una mena d'enuig lleu li va fregar el front i va dir una frase en àrab al seu fill, que va vacil·lar un moment abans de traduir-me-la.

—El meu pare li prega que el disculpi, voldria retirar-se.

Jo vaig assentir i l'home em va donar la mà. Somreia, semblava que havia de fer alguna cosa a desgrat; segurament es tractava d'algun negoci. Després em va girar l'esquena i va sortir de la botiga.

Jo vaig esperar un moment i vaig sortir amb l'Élie al carrer. Li vaig dir que el seu pare m'havia produït una gran impressió.

—És un gran erudit —va dir ell, ple de respecte, i va alçar els dits de la mà esquerra en l'aire, on van quedar suspesos—. Es passa la nit *llegint*.

Des d'aquell dia em vaig avenir a totes les peticions de l'Élie. Em vaig afanyar a complir tots els seus petits desitjos carregosos, perquè era fill d'aquell home excepcional. Em sabia greu que no volgués res més, li hauria concedit qualsevol cosa. Va obtenir *tres* cartes en anglès en què el posava als núvols com a treballador diligent, formal, honrat i fins i tot indispensable. El seu germà petit, en Simon, que no coneixia de res, era en un altre terreny igualment competent. L'adreça dels dos germans al mel·lah no s'hi va fer constar expressament.

A l'encapçalament de les cartes hi figurava el flamant nom del nostre hotel. Totes tres estaven firmades amb tinta negra i aparentment eterna pel meu amic americà. A més d'això hi havia escrit la seva adreça habitual als Estats Units i el número del seu passaport. Quan vaig explicar a l'Élie aquesta part de la carta, gairebé no s'ho creia de tant que se'n va alegrar.

Per la seva banda, l'Élie em va transmetre la invitació del seu pare a celebrar els Purim a casa seva, amb la família. Li ho vaig agrair de tot cor, però vaig haver de rebutjar la invitació. Em vaig imaginar la decepció del seu pare davant la meva desconeixença dels costums antics. Ho hauria fet gairebé tot malament, les oracions només les hauria pogut repetir com una persona que no resa mai. M'avergonyia davant aquell ancià que estimava tant i li vaig voler estalviar el disgust. Vaig al·legar que tenia feina i, fent el cor fort, vaig refusar la invitació encara que això volgués dir no tornar-lo a veure mai més. En tinc prou d'haver-lo vist una vegada.

RONDALLAIRES I ESCRIVENTS

Els rondallaires són els que atreuen el públic més nombrós. Al seu voltant s'hi formen els cercles de gent més atapeïts i també més estables. Les seves representacions són molt llargues, els espectadors s'asseuen a terra en rotllana i tarden una bona estona a tornar-se a aixecar. D'altres, a peu dret, formen un rotlle exterior; ells tampoc no es belluguen, queden fascinats per les paraules i pels gestos del narrador. A vegades n'hi ha dos que reciten les històries alternativament. Les seves paraules venen de molt lluny i es queden més temps suspeses en l'aire que les de les persones corrents. Jo no entenia res, però quan en sentia la veu sempre m'aturava a escoltar-los, fascinat. Per a mi eren paraules sense cap sentit, llançades amb ímpetu i foc: eren valuoses per a l'home que les pronunciava, n'estava orgullós. Les ordenava segons un ritme que sempre trobava molt personal. Quan s'aturava, reprenia el fil del relat amb més força i entusiasme. Jo captava la solemnitat d'algunes paraules i la intenció maliciosa d'algunes altres. Els compliments m'afectaven com si anessin adreçats a mi; em feien sentir amenaçat. El rondallaire ho tenia tot sota control, les paraules més poderoses volaven tan enllà com ell volia. L'aire que planava damunt el públic estava ple de moviment, i fins i tot algú que entengués tan poques paraules com jo podia percebre la vida sobre els caps dels oients.

En honor de les seves paraules, els rondallaires anaven vestits d'una manera vistosa. La seva indumentària sempre es diferenciava de la dels espectadors. Es decantaven per teles magnífiques; alguns apareixien guarnits amb vellut blau o marró. Semblaven personalitats d'alt rang imaginades. Gairebé mai no es dignaven a mirar les persones del seu voltant. Tenien l'esguard fix en els seus herois i personatges. Si deixaven caure la vista sobre algun espectador assidu, aquest havia de passar tan inadvertit com qualsevol altre. Els estrangers no existien per a ells, no pertanyien al regne de les seves paraules. Al principi em costava de creure que jo els interessés tan poc, era massa insòlit per ser veritat. Per això m'hi estava molta estona, fins i tot quan els sons d'aquella plaça impregnada de sons m'atreien cap a un altre lloc, però no em prestaven atenció ni tan sols quan començava a sentir-me a gust en la gran rotllana. Sens dubte, el rondallaire s'havia fixat en mi, però als seus ulls jo continuava sent un estrany en el seu cercle màgic, perquè no el comprenia.

Més d'una vegada hauria donat el que fos per entendre'l, i espero que arribi el dia que podré apreciar aquests narradors ambulants com es mereixen. Però també m'alegrava de no entendre'ls. Per a mi eren com un enclavament intacte de vida antiga. La seva llengua tenia per a ells tanta importància com la meva en té per a mi. Les paraules eren el seu aliment i no es deixaven convèncer de reemplaçar-les per un altre de millor. Em sentia orgullós del poder de la narració que exercien sobre els seus companys de llengua. Em semblaven uns germans més grans i millors que jo. En moments feliços em deia: jo també puc reunir gent al meu voltant i explicar-los alguna cosa; a mi també m'escolten. Però en comptes d'anar d'un lloc a l'altre sense saber a qui em trobaré, quines orelles se'm badaran, en comptes de viure de la mera confiança en el poder de la meva narració, jo m'he lliurat al paper. Jo, somiador covard, visc a recer de taules i portes, i ells, en el bullici del mercat, entre centenars de cares estranyes que canvien cada dia, sense el pes d'un saber fred i superflu, sense llibres, ni ambició, ni vana autoritat. Poques vegades m'he sentit bé entre les persones properes que viuen de la literatura. Les he menyspreat perquè menyspreo alguna cosa en mi mateix, i em penso que aquesta cosa és el paper. Aquí em vaig trobar de sobte entre poetes que podia admirar, perquè cap de les seves paraules no es podien *llegir* enlloc.

Però molt a prop d'allà, a la mateixa plaça, vaig haver de reconèixer fins a quin punt havia ofès el paper. A unes quantes passes dels rondallaires hi tenien el seu lloc els escrivents. Al seu voltant no s'hi sentia volar una mosca, era la part més silenciosa de Jemaa el-Fna. Els escrivents no enaltien les seves habilitats. Seien al seu lloc sense dir res, homenets desnerits amb els estris parats, i no feien mai la impressió d'esperar clients. Quan alçaven la vista, miraven els passants sense mostrar una curiositat especial i de seguida desviaven la mirada. Els seus bancs estaven disposats a una certa distància els uns dels altres, de manera que no se sentís res entre ells. Els més modestos o potser els més antiquats seien a terra. Sumits en un món discret, reflexionaven o escrivien rodejats del soroll eixordador de la plaça i alhora aliens a ell. Era com si la gent els consultés reclamacions secretes, i com que tot això es feia en públic, tots ells s'havien avesat a passar desapercebuts. Gairebé semblava que no hi fossin, només comptava una cosa: la silenciosa dignitat del paper.

Els anaven a trobar homes sols o parelles. Una vegada vaig veure, assegudes davant l'escrivent, dues noies amb vel que movien els llavis d'una manera gairebé imperceptible, mentre ell assentia amb el cap i escrivia d'una manera igualment imperceptible. Una altra vegada em vaig fixar en una família sencera, alterosa i distingida. Es componia de quatre persones, que s'havien assegut en dues banquetes col·locades en angle recte a banda i banda de l'escrivent. El pare era un berber vell, fort i bencossat, al rostre del qual es podien llegir tots els signes de l'experiència i la saviesa. Vaig intentar imaginar-me una situació que ell no fos capaç d'afrontar, però no vaig trobar-ne cap. I ara era allà, desvalgut per primer cop a la vida, al costat de la seva dona, que causava la mateixa impressió que ell perquè només se li veien els ulls enormes i molt foscos, i de les seves dues filles, que també duien vel. Tots quatre seien molts tibats i cerimonials.

L'escrivent, que era molt més baix que ells, acceptava les mostres de respecte. Els seus trets delataven una atenció exquisida, que era tan perceptible com la prosperitat i la bellesa de la família. Jo els mirava a molt poca distància, però no en sentia cap so, no hi advertia cap moviment. De fet, l'escrivent encara no havia emprès la seva tasca. Segurament s'havia fet explicar de què es tractava i ara rumiava la millor manera d'expressar-ho per escrit. El grup semblava molt compacte, com si tots els implicats es coneguessin de sempre i haguessin ocupat sempre el mateix lloc.

Els unia un lligam tan estret que no vaig preguntar-me per què eren allà, i fins més endavant, quan ja no era a la plaça, no vaig començar a pensar-hi. Què devia ser el que requeria la presència de tota una família davant l'escrivent?

LA TRIA DEL PA

Al vespre, quan ja era fosc, anava a la part de Jemaa el-Fna on les dones venien pa. S'asseien a terra formant una llarga filera i anaven tan tapades que només se'ls veien els ulls. Cada una tenia al davant un cove cobert amb un drap, i al damunt hi exposaven alguns dels pans rodons i plans destinats a la venda. Jo passava a poc a poc al llarg de la fila i observava les dones i els pans. La majoria eren dones grans, les seves formes recordaven una mica la de les fogasses. L'olor de pa em pujava pels narius al mateix temps que captava les mirades dels ulls foscos. Totes les dones estaven pendents de mi, per a elles jo era un estranger que havia vingut a comprar pa, però jo evitava comprar-ne, perquè volia anar fins al final del rengle i per a això em calia un pretext.

A vegades s'hi afegia alguna dona jove; els pans semblaven massa rodons per a ella, com si no els hagués fet amb les pròpies mans, i la seva mirada era diferent. Tant si eren joves com si eren velles, no estaven ocioses gaire temps. Perquè tot d'un plegat una d'elles agafava un pa amb la mà dreta, el llançava enlaire, l'entomava, el feia moure a un costat i a l'altre com si el sospesés, el colpejava unes quantes vegades prou fort perquè se sentís i, després d'aquestes moixaines, el tornava al cove amb la resta de pans. La fogassa mateixa, la seva frescor, el seu pes, la seva olor, s'oferia així a la venda. Hi havia en els pans una mena de nuesa seductora, transmesa per les mans lleugeres d'aquelles dones, cobertes de cap a peus llevat dels ulls. «Això és el que et puc donar de meu, pren-ho a les teves mans, ha estat a les meves.»

Tot d'homes de mirada atrevida passaven al llarg de la filera, i quan un trobava alguna cosa que li agradava, s'aturava i agafava amb la mà dreta el pa que li allargaven. El llançava enlaire, l'entomava, el feia moure a un costat i a l'altre com si fos el platet d'una balança, el colpejava diverses vegades prou fort perquè se sentís i el tornava a deixar al cove si trobava que no pesava prou o no el volia per algun altre motiu. Però a vegades se'l quedava, i aleshores es percebia l'orgull de la fogassa i l'aroma especial que exhalava. L'home ficava la mà esquerra sota la túnica, en treia una moneda que al costat del pa semblava minúscula i la llançava a la dona. La fogassa desapareixia tot seguit sota la túnica —era impossible endevinar on era— i l'home seguia el seu camí.

LA CALÚMNIA

Els petits captaires corrien pels voltants del restaurant Kutubiya. Tots nosaltres hi solíem anar a dinar i sopar, i els nens sabien que allà no podríem esquivar-los. Per al restaurant, que volia conservar el seu bon nom, aquella canalla no era un adorn desitjable. Si s'acostaven massa a la porta, el propietari els feia fora. Els sortia més a compte, doncs, plantar-se a la cantonada del davant i rodejar-nos així que ens veien arribar, normalment en grups de tres o quatre.

Alguns de nosaltres, que feia mesos que eren a la ciutat i s'havien cansat de donar almoina, s'esforçaven tant com podien per desempallegar-se dels nens. Uns altres s'ho pensaven dues vegades abans de donar-los res, perquè s'avergonyien d'aquesta «debilitat» davant els coneguts. Al capdavall s'havia d'aprendre a viure en aquell país, i els francesos que s'hi havien establert feia temps portaven avantatge, per a bé o per a mal, segons es mirés: per principi no es ficaven mai la mà a la butxaca per un captaire i, a més, presumien de tenir la pell dura. Jo encara era nouvingut i jove a la ciutat, per dir-ho així. Tant me feia el que pensessin de mi, que em prenguessin per un ximple, aquells nens m'agradaven.

Si no em venien a trobar, tenia un desengany i jo mateix els buscava per cridar-los l'atenció. M'agradaven els seus gestos vivaços, els ditets amb què s'assenyalaven la boca i exclamaven, somicant, «Manger!, manger!», les cares terriblement tristes que feien, com si estiguessin a punt de defallir de debilitat i fam. M'agradava la seva murrieria tan bon punt havien obtingut alguna cosa, les rialles amb què arrencaven a córrer amb el pobre botí a la mà, la manera com se'ls esclaria la cara quan passaven de moribunds a les criatures més felices del món. M'agradaven les seves petites astúcies quan em mostraven nens de bolquers i me n'allargaven les manetes gairebé insensibles mentre deien «Per a ell també, per a ell també, *manger*!, *manger*!» i esperaven recollir així una almoina doble. Eren una bona colla, i jo procurava ser just, però tenia, és clar, els meus preferits, aquells la cara dels quals era tan viva i bonica que no m'hauria cansat mai de mirar-los. Em seguien fins a la porta del restaurant, sota la meva protecció se sentien segurs. Sabien que els tenia simpatia, i això els animava a acostar-se a aquell lloc fabulós que els era prohibit i on la gent menjava tant.

El propietari, un francès calb de cap rodó i ulls com de paper atrapamosques, que rebia amb mirades afables els clients fixos, no suportava que els petits captaires rondessin el seu local. Els parracs no feien una bona impressió. Els clients ben vestits tenien dret d'encarregar els costosos plats de la carta en un ambient agradable, sense que ningú no els recordés la gana i els polls. Quan jo obria la porta per entrar i s'esqueia que ell hi era prop, donava una llambregada a l'estol de nens que hi havia a fora i remenava el cap, molt disgustat. Però com que jo formava part d'un grup de quinze anglesos que cada dia, invariablement, feien dos àpats al seu restaurant, no gosava dir-me res i esperava l'ocasió propícia de resoldre la qüestió amb ironia i bon humor.

Un migdia molt xafogós, la porta del restaurant estava oberta per deixar entrar una mica d'aire fresc. Jo acabava de superar l'assalt dels nens amb dos amics meus i ens vam asseure en una taula lliure a la vora de la porta oberta. La canalla es va quedar a fora, prop de la porta, i no ens treien els ulls de sobre. Volien fer-se veure i potser ser testimonis de tot el que ens pensàvem menjar. Ens feien senyals i es divertien sobretot amb els nostres bigotis. Una nena d'uns deu anys, la més bonica de totes, que feia temps que s'havia adonat que em feia gràcia, es tocava sense parar l'espai minúscul entre el llavi superior i el nas i amb dos dits cargolava i estirava un bigoti imaginari. Es desfeia de riure i els altres nens la imitaven.

L'amo del restaurant es va apropar a la nostra taula per prendre nota de les comandes i va veure els nens enriolats. Amb una expressió de cara radiant em va dir:

—Que bé se la passa, la meuca!

La insinuació em va ferir, potser no el volia creure perquè apreciava de debò aquelles criatures, i vaig preguntar, innocent:

—Què diu ara, si és molt joveneta!

—Ni s'ho imagina —va dir—, per cinquanta francs pot tenir la que vulgui. Qualsevol d'aquestes nenes se n'aniria amb vostè darrere la cantonada.

Jo estava indignat i el vaig contradir amb fermesa.

—Això no pot ser, és impossible.

—Vostè no sap com van les coses aquí —va dir ell—. Hauria de conèixer una mica la vida nocturna de Marràqueix. Fa molt de temps que visc en aquesta ciutat, jo. Quan vaig arribar, durant la guerra, encara era solter —va llançar una mirada ràpida però solemne a la seva senyora, una dona d'edat madura que com sempre seia a la caixa—, solia anar de tronc amb uns amics i en vam veure de tots colors. Un cop ens van dur a una casa, i tot just ens havíem assegut, que ens vam trobar envoltats d'una legió de nenes nues. S'arraulien als nostres peus i ens estrenyien fort. No eren pas més grans que aquestes d'aquí fora, n'hi havia de més petites i tot.

Jo vaig bellugar el cap amb incredulitat.

—No hi havia res que fos impossible d'obtenir. A nosaltres ens agradava passar-nos-ho bé i anar-la a córrer. Una vegada en vam fer una de molt grossa. Mirin: érem tres, tres amics. Un de nosaltres va anar a l'habitació d'una Fatma —així és com anomenaven els francesos despectivament les dones del país—, però aquella ja era granadeta, i els altres dos ens ho miràvem per un forat. De primer van negociar el preu una bona estona, al final es van posar d'acord i ell li va donar els diners. Ella els va desar en una tauleta de nit que hi havia al costat del catre. Després va apagar el llum i es van ficar junts al llit. Nosaltres ho havíem vist tot des de fora. Així que ella va haver apagat el llum, un de nosaltres va entrar a l'habitació sense fer fressa i va anar fins a la tauleta de nit. Va ficar la mà al calaix amb molt de compte i, mentre els altres dos feien feina, va agafar els diners. En acabat va sortir i ens en vam anar corrents. Al cap de poc ens vam reunir amb l'altre amic. Havia estat amb la Fatma de gorra. Ja es poden imaginar el tip de riure que ens vam fer! I aquesta és només una de les nostres bromes!

Ens ho imaginàvem perfectament, perquè ell reia com un boig, amb un pam de boca oberta. No ens havíem adonat que tenia una boca tan grossa, no l'havíem vist mai d'aquella manera. Solia anar d'un costat a l'altre del seu restaurant amb un posat digne i anotava els encàrrecs dels seus clients privilegiats amb educació i summa reserva, com si li fos completament indiferent el que prenguessin. Les seves recomanacions no eren mai impertinents i sonaven com si només les anunciés per afalagar els comensals. Però aquell dia s'havia deixat anar, estava entusiasmat d'haver-nos explicat l'episodi en qüestió. Devia haver sigut una època magnífica per a ell, i tan sols un detall va recordar la seva manera de fer habitual. Enmig del seu relat, un cambrer baixet va atansar-se a la nostra taula. Ell el va despatxar de mala manera, perquè no sentís el que ens estava dient.

Nosaltres, com a bons anglosaxons, vam quedar d'una peça. Els meus dos amics —l'un era de Nova Anglaterra i l'altre anglès— i jo, que feia quinze anys que vivia entre ells, vam ser presos pel mateix sentiment de fàstic i menyspreu. També nosaltres érem tres i ens ho passàvem bé, i potser ens sentíem una mica culpables pels altres tres que s'havien conxorxat per prendre la paga a una pobra nadiua. L'amo del restaurant ens havia explicat la història radiant d'alegria, la trobava divertidíssima, i el seu entusiasme no va minvar quan vam somriure de mala gana i vam assentir a les seves paraules a contracor.

La porta encara estava oberta, els nens ens esperaven a fora, pacients i confiats. Intuïen que, mentre durés la narració del propietari del restaurant, ningú no els faria marxar. Vaig pensar que ells no el podien entendre. Aquell home, que havia començat parlant d'ells amb un tal menyspreu, s'havia tornat menyspreable en un moment. Tant si els calumniava com si en parlava sense tergiversar la veritat, fessin el que fessin aquells petits captaires, ell quedava molt per sota seu, i jo només volia que hi hagués alguna mena de càstig que requerís algun dia la intercessió d'*aquella* colla de nens.

EL DESIG DE L'ASE

Solia tornar de les passejades nocturnes pels carrerons de la ciutat passant per Jemaa el-Fna. Em feia molt estrany travessar la plaça gairebé buida a aquella hora. No hi quedaven ni acròbates ni dansaires; ni encantadors de serps ni menjadors de foc. Un home seia arraulit a terra, tot sol, amb un cistell d'ous petits al davant. Al seu voltant no hi havia res. Llums d'acetilè cremaven aquí i allà i la seva olor s'escampava per tota la plaça. A les parades de menjar encara s'hi veien alguns homes asseguts menjant un plat de sopa. Semblaven molt sols, com si no tinguessin on anar. A les vores de la plaça hi havia tot d'homes dormint. Alguns jeien, la majoria seien amb les cames arronsades, però tots duien el cap cobert amb la caputxa de l'abric. Dormien immòbils, ningú no s'hauria imaginat que sota aquells abrics foscos amb caputxa hi respirava alguna cosa.

Una nit vaig veure al centre de la plaça una gran rotllana d'homes estranyament il·luminada per llums d'acetilè. Tots estaven drets. Les ombres fosques sobre les cares i els cossos, junt amb la claror intensa que les làmpades projectaven damunt seu, els donaven un aire lúgubre i inquietant. Sentia el so de dos instruments autòctons, a més de la veu d'un home que parlava a algú amb vehemència. M'hi vaig acostar i, quan vaig trobar un forat per mirar dins la rotllana, al mig hi vaig veure un home amb un bastó que feia un seguit de preguntes a un ase.

Aquell ase era el més pobre de tots els ases miserables de la ciutat. Els ossos se li marcaven sota la pell, estava famèlic, tenia el pèl tot ple de rascades i segur que ja no podia carregar res. Semblava mentida que encara s'aguantés dret. L'home hi mantenia un diàleg còmic. Intentava convèncer-lo d'alguna cosa. Com que l'ase no s'ablania, li plantejava preguntes; i quan la bèstia es negava a contestar, els homes esclafien en grans riallades. Potser representaven una història en què l'ase tenia un paper, perquè després d'un llarg parlament el pobre animal va començar a donar voltes molt a poc a poc al so de la música. L'home mantenia el bastó brandit damunt el cap de la bèstia; parlava cada cop més de pressa i més fort, a grans crits, per fer moure l'ase, però les seves paraules em van sonar com si ell mateix interpretés un personatge còmic. La música continuava, sense interrupció, els homes no podien aguantar-se el riure i feien cara de ser caníbals o devoradors d'ases.

M'hi vaig quedar poca estona i, per tant, no puc dir què va passar després. El sentiment de repulsió va prevaler sobre l'interès. Feia temps que sentia afecte pels ases de la ciutat. A cada pas se'm presentava l'oportunitat d'indignar-me per la manera com els tractaven, tot i que no hi podia fer res. Però no havia vist mai una criatura tan digna de llàstima com aquella, i tornant cap a casa vaig intentar calmar-me pensant que la pobra bèstia no passaria d'aquella nit.

L'endemà era dissabte i vaig anar a la plaça a primera hora. Era un dels dies de la setmana de més animació. Costava d'obrir-se pas entre els munts d'espectadors, actors, cistells i parades. Vaig arribar al lloc on la nit abans hi havia l'ase. Hi vaig donar un cop d'ull i vaig quedar de pedra: l'ase hi tornava a ser, completament sol. Vaig mirar-lo amb atenció, era ell, no n'hi havia cap dubte. El seu amo era a prop seu parlant tranquil·lament amb uns homes. Encara no s'havia format cap rotllana al seu voltant. Els músics no hi eren, la representació encara no havia començat. L'ase tenia el mateix posat que la nit anterior. A la claror del sol es veia encara més esgarrinxat que de nit. El vaig trobar més miserable, afamat i vell.

De cop i volta algú darrere meu em va bufar a l'orella unes paraules gruixudes que no vaig entendre. Em vaig girar i vaig perdre de vista l'ase un moment. L'home que havia sentit cridar era a la vora meu, entre la multitud, però va resultar que les amenaces no anaven adreçades a mi, sinó a algú altre. Em vaig tornar a girar cap a l'ase.

L'animal no s'havia mogut de lloc, però ja no era el mateix ase, perquè entre les potes del darrere li penjava, inclinat cap endavant, un membre descomunal. Era més fort que el bastó amb què l'havien amenaçat la nit abans. En l'interval breu en què jo m'havia girat, havia experimentat una transformació prodigiosa. No sé què havia vist, sentit o ensumat. No sé què li havia vingut a la ment. Fos com fos, aquella criatura miserable, vella i dèbil que amb prou feines s'aguantava dreta i ja només servia per a diàlegs recalcitrants, que era més maltractada que qualsevol altre ase de Marràqueix, aquell ser tan poca cosa, sense carn, sense forces, pràcticament sense pèl, encara sentia tant desig dintre seu que només de veure'l vaig sentir-me alliberat de l'efecte de la seva misèria. Hi penso sovint, en aquell ase. Em pregunto què en quedava quan jo ja no hi veia res. Tant de bo tots els que pateixen conservessin el desig en la misèria.

«XAHRAZAD»

Era la propietària d'un petit bar francès que es deia «Xahrazad», l'únic local de la medina que obria tota la nit. A vegades estava buit, a vegades hi havia tres o quatre persones. Però quan estava ple, normalment entre les dues i les tres de la matinada, es podia sentir tot el que deien els clients de la taula del costat i posar-se a parlar amb qualsevol, perquè l'espai era minúscul i, només que hi hagués vint persones, dretes o assegudes, feia la impressió d'estar a punt de rebentar.

Just al tombant de la cantonada hi havia la plaça deserta de Jemaa el-Fna, a unes deu passes del bar. Era impossible imaginar-se un contrast més gran. Al voltant de la plaça hi havia tot de gent miserable, vestida amb parracs, que dormia a terra. Sovint es confonien tant amb l'entorn que s'havia d'anar amb compte de no entrebancar-s'hi. Qualsevol que a aquella hora encara es tingués dret i passés per la plaça era sospitós i més valia guardar-se'n. L'autèntica vida de Jemaa el-Fna havia acabat feia estona, quan començava la del petit bar. Els que el freqüentaven tenien aspecte d'europeus. Els clients eren francesos, americans i anglesos. També n'hi havia d'àrabs, però anaven vestits a l'europea o bevien, i això sol els convertia, almenys als seus ulls, en gent moderna o europea. Les begudes eren molt cares i només els àrabs benestants s'atrevien a entrar-hi. Els esparracats que jeien a la plaça no tenien res o, a tot estirar, un parell de francs a la butxaca. Els parroquians del Xahrazad pagaven cent vint francs per una copeta de conyac i en prenien qui sap quantes, l'una darrere l'altra. A la plaça, abans que s'adormís, s'hi acostumava a sentir música àrab, les ràdios gemegaven des de qualsevol local que presumia de tenir teulada. Al bar només hi sonava música de ball europea, però suau, i tothom que hi entrava es considerava una persona distingida. Madame Mignon sempre estava al corrent dels últims èxits. S'enorgullia dels seus discos, i si fa no fa cada setmana arribava al local amb una pila de discos nous de trinca. Els ensenyava als clients habituals i s'interessava vivament pels gustos de cadascun d'ells.

Madame Mignon havia nascut a Xangai, de pare francès i mare xinesa. Havia tingut els ulls ametllats, però se'ls havia fet retocar amb una operació, de manera que gairebé no li quedava res de la seva fisonomia xinesa. No amagava mai a ningú que la seva mare era xinesa. Havia viscut en altres colònies franceses abans d'instal·lar-se al Marroc, havia passat uns anys a Douala. Tenia objeccions contra totes les nacions conegudes, jo no havia vist mai uns prejudicis tan ingenus i obstinats com els d'aquella dona. Però no deixava que ningú malparlés dels francesos ni els xinesos, i afegia sempre amb orgull: «La meva mare era xinesa. El meu pare era francès». Es mostrava tan satisfeta d'ella mateixa com recelosa amb els clients que no tenien els mateixos orígens que ella.

Em vaig guanyar la seva confiança amb una llarga conversa, una vegada que érem tots dos sols al local. De tant en tant, quan els meus amics de l'equip de filmació anglès s'oblidaven de pagar les rondes abans d'anar-se'n, les pagava jo, i per això ella em tenia per ric; un ric que no presumia de la seva condició, com és costum entre els anglesos, que rarament vesteixen d'una manera ostentosa. Algú, potser per prendre el pèl a Madame Mignon, li havia dit que jo era psiquiatre. Com que sovint m'estava tranquil·lament al bar sense dir res i, quan estàvem tots dos sols, li feia tota mena de preguntes sobre els clients, va acabar donant crèdit al rumor. Jo no la vaig contradir, ja m'anava bé, així m'explicava més coses.

Estava casada amb Monsieur Mignon, un individu alt i fort que havia servit a la Legió Estrangera i no l'ajudava gaire al bar. Quan no hi havia clients, li agradava fer una becaina ajagut als bancs del minúscul local. Però així que arribaven clients que coneixia, se'ls emportava al bordell francès que es deia La Riviera i era a pocs minuts del bar. Solia estar-s'hi una o dues horetes, i després tornava, acompanyat dels clients. Explicaven a la dona on havien estat, li parlaven de les noies noves que havien conegut a La Riviera, bevien alguna cosa i després potser tornaven al bordell. *Riviera* era la paraula que més se sentia al Xahrazad.

Monsieur Mignon tenia una cara rodona, com de nen ensopit, damunt unes espatlles massisses. Somreia amb desgana i, cosa estranya per a un francès, parlava lentament i més aviat poc. La dona també sabia callar, tenia una certa sensibilitat i no importunava gaire. Però una vegada havia començat a parlar, li costava molt d'acabar la corda. Ell mentrestant rentava uns quants gots o dormia o anava al Riviera. Madame Mignon no permetia al seu home forçut que fes fora els clients borratxos que es tornaven insolents. Se n'ocupava ella personalment. El local era seu, i per als casos perillosos tenia una porra de goma darrere la barra del bar, al mateix lloc on guardava els discos. Li agradava ensenyar-la als seus amics, la qual cosa suscitava sempre riures mordaços, i afegia: «Només és per als americans». Amb qui tenia els problemes més grossos era amb els americans borratxos, i per això els professava un odi feroç. Als seus ulls hi havia dos tipus de bàrbars, els autòctons i els americans.

El seu home no havia estat sempre a la Legió Estrangera. Un dia se'm va adreçar amb un posat mig mandrós mig murri i em va preguntar:

—Vostè és metge, metge de bojos, oi?

—Què l'hi fa pensar? —vaig preguntar-li, fent-me el sorprès.

—Algú ens ho va dir. Jo vaig treballar d'infermer dos anys en un manicomi prop de París.

—Així doncs, hi deu entendre una mica —vaig dir, i ell va sentir-se afalagat.

Em va parlar de la seva feina i de com en aquells anys havia après a distingir perfectament els bojos perillosos dels que no ho són. Els distribuïa en grups segons una classificació pròpia que en valorava el grau de perillositat. Li vaig demanar que em parlés dels bojos de Marràqueix i en va esmentar alguns casos notoris. A partir d'aquella nit va tractar-me una mica com un antic superior de la mateixa esfera professional. Ens miràvem quan algun client feia coses fora de lloc; i de tant en tant em convidava fins i tot a una copeta de conyac.

Madame Mignon tenia una amiga, només una, que li feia molt de servei. Es deia Ginette i sempre era al bar. Normalment s'asseia en un tamboret a la barra i esperava. Era jove, solia anar molt empolainada i tenia la cara tan pàl·lida que feia l'efecte que passava les nits en blanc i dormia de dia. Tenia els ulls sortints i no parava de girar-se cap a la porta del bar per veure si entrava algú; aleshores semblava que els ulls se li enganxessin als vidres.

La Ginette es delia perquè passés alguna cosa. Tenia vint-i-dos anys i no havia sortit mai del Marroc. Havia nascut aquí, de pare anglès i mare italiana. El seu pare se n'havia anat a Dakar i no se n'havia preocupat més. Li agradava sentir parlar l'anglès, perquè li recordava el seu pare. No vaig poder esbrinar a què es dedicava ell, com havia anat a parar al Marroc i per què després havia marxat a Dakar. Tant Madame Mignon com la mateixa Ginette en parlaven sovint amb orgull i deixaven intuir, sense dir-ho obertament, que havia desaparegut a causa de la filla. Segurament totes dues volien que fos així, perquè, vist que el pare se n'havia desentès, era un consol que evités la ciutat on ella vivia. De la mare no en parlaven mai; em feia la impressió que ella sí que vivia a Marràqueix, però que no donava motiu per enorgullir-se'n. Potser era pobra o no tenia una professió gaire honrosa, potser els italians no eren ben considerats. La Ginette somiava visitar Anglaterra, era un país que l'encuriosia molt. Però, de fet, hauria anat a qualsevol lloc, fins i tot a Itàlia; esperava un cavaller que la tragués del Marroc. En les hores que el bar estava buit, se la veia particularment impacient. La distància entre el seu tamboret i la porta era d'uns tres metres, però cada vegada que entrava algú, ella es girava a l'instant, com si alguna cosa li hagués colpejat els ulls.

La Ginette no estava sola la primera vegada que m'hi vaig fixar. Seia al costat d'un home jove d'aspecte efeminat que encara anava més empolainat que ella; els seus ulls grossos i foscos i el color bru de la cara revelaven que era marroquí. Es tractaven amb molta confiança i sovint arribaven junts al bar. Els tenia per una parella d'enamorats i havia pres l'hàbit d'observar-los quan encara no sabia res de la noia. Ell sempre semblava que vingués del casino. No seguia els costums francesos només en la indumentària: es deixava acariciar en públic per la Ginette, cosa que per a un àrab era un gran deshonor. Bevien molt. A vegades els acompanyava una tercera persona, un home d'uns trenta anys d'aspecte més viril i una mica menys refistolat.

El primer cop que la Ginette em va dirigir la paraula —amb una certa timidesa, perquè es pensava que jo era anglès—, ella seia a la barra; jo era a la seva dreta, i el seu jove acompanyant, a l'altre costat. Em va preguntar pel progrés de la pel·lícula que els meus amics rodaven a Marràqueix. Per a ella això era tot un esdeveniment, i de seguida vaig veure que hauria donat el que fos per sortir a la pel·lícula. Li vaig contestar totes les preguntes amb amabilitat. Madame Mignon s'alegrava molt que per fi haguéssim coincidit, la seva millor amiga i jo. Vam enraonar una estona, i llavors va presentar-me el jove que tenia a l'esquerra, el seu marit. Em vaig quedar sense paraula, era l'últim que m'hauria imaginat. Ja feia un any que vivien plegats. Quan anaven junts, semblava que encara estiguessin de viatge de noces. Però quan la Ginette estava sola, sempre mirava amb ànsia en direcció a la porta, i la persona que esperava no era en cap cas el seu marit. Amb discreció i mig fent broma, li vaig formular unes quantes preguntes sobre la seva vida, i així vaig saber que a les tres de la matinada marxaven del bar per anar a sopar a casa. Cap a les cinc es ficaven al llit i dormien ben bé fins al migdia.

Vaig preguntar-li de què treballava el seu marit.

—De res —va dir ella—, té el seu pare.

Madame Mignon, que ens escoltava, va reaccionar a aquesta informació fent un somriure maliciós. El jove bru i efeminat va somriure amb timidesa, però mostrant bona part de la seva bonica dentadura. La seva vanitat eclipsava tota la resta, fins i tot el desconcert provocat per una situació incòmoda. Ens vam convidar mútuament a beure i ens vam posar a parlar. Vaig veure que ell era tan aviciat com aparentava. Li vaig preguntar quant de temps havia viscut a França; fins a aquest punt semblava francès.

—No hi he estat mai —va dir—. No he sortit mai del Marroc.

Vaig voler saber si li agradaria anar a París. No, no en tenia ganes. Doncs a Anglaterra. No, tampoc. Potser hi havia algun altre lloc on li agradaria anar. No. Contestava a tot amb feblesa, com si no tingués voluntat. Intuïa que hi havia alguna cosa de la qual no volia parlar, alguna cosa que el lligava a la ciutat. I la Ginette no podia ser, perquè feia entendre a tothom que preferiria ser a qualsevol altre lloc.

Aquella parella, que semblava tan normal i corrent, era un enigma per a mi. Els veia cada nit al bar. A part dels estrangers que freqüentaven el local, només s'interessaven per una cosa: els discos de Madame Mignon. Demanaven que els posessin determinades cançons; algunes les trobaven tan boniques que les feien sonar sis vegades seguides. Llavors el ritme se'ls encomanava a les cames i es posaven a ballar en l'espai reduït que hi havia entre la barra i la porta. S'enganxaven tant l'un a l'altra que feia una mica de cosa mirar-los. A la Ginette li agradava aquesta manera tan íntima de ballar, però davant els espectadors es queixava del seu home: «És horrorós. No vol ballar de cap altra manera. Mira que l'hi he dit vegades, però diu que només sap ballar així.» Després començava el ball següent i, un cop s'hi posaven, ella centrava tota l'atenció a no perdre's ni una sola volta del disc.

M'imaginava la Ginette a qualsevol altre dels països on volia anar, com hi menaria exactament la mateixa vida, amb les mateixes persones, a les mateixes hores, i la veia a Londres ballant al so dels mateixos discos.

Una nit que jo era sol al bar, Madame Mignon em va preguntar què pensava de la Ginette. Li vaig respondre el que solia dir en aquests casos:

—És una noia molt agradable.

—Ja no la reconec! —va exclamar Madame Mignon—. Si sabés com ha canviat aquest últim any! És molt desgraciada, pobra Ginette! No s'hauria d'haver casat. Aquests nadius són tots uns marits pèssims. El pare d'ell és ric, de bona família, això és veritat, però el va desheretar quan es va casar amb la Ginette. I el pare d'ella no en vol saber res perquè s'ha casat amb un àrab. S'han quedat tots dos sense res.

—Doncs de què viuen, si ell no treballa i el pare no el manté?

—Que no ho sap? No sap qui és el seu amic?

—No, com vol que ho sàpiga?

—L'ha vist aquí moltes vegades, assegut amb ells. El seu amic és un fill d'El Glaoui. El seu favorit. Ja fa temps que dura. El Glaoui està enfadat amb el seu fill. No té res en contra de les dones. Està content que els fills tinguin dones, tantes com vulguin. Però això dels homes no li agrada gens. Fa uns quants dies el va enviar fora de la ciutat.

—I d'això ha viscut fins ara el marit de la Ginette?

—Sí. I d'ella també. L'obliga a anar-se'n al llit amb àrabs rics. N'hi ha un en concret, a la cort del fill d'El Glaoui, que va al darrere de la Ginette. Ja no és jove, però té diners. Ella al principi no en volia saber res, però el seu home la va fer passar per l'adreçador. Ja s'hi ha acostumat. A vegades passen la nit tots tres junts. Si ella s'hi oposa, el seu home li pega. Només li passa amb alguns, és molt gelós, ell. Només la deixa anar-se'n al llit amb homes que paguin. Li fa escenes de gelosia quan ella en troba algun que li agrada. Li pega quan un home no li agrada i no el vol ni per diners, i li pega quan n'hi ha algun que li agrada tant que se n'hi aniria sense diners. Per això és tan desgraciada. La pobra noia no pot fer mai el que vol. Espera trobar un home que se l'emporti d'aquí. L'hi desitjo amb tota l'ànima, em fa molta pena. I això que és l'única amiga que tinc. Si se'n va, no em quedarà ningú.

—Diu que El Glaoui està enfadat amb el seu fill?

—Sí, l'ha fet marxar un temps. Espera que així oblidi el seu favorit. Però no l'oblidarà, n'estan molt, l'un de l'altre.

—I l'amic de la Ginette?

—També ha marxat. Se'n va haver d'anar amb el fill d'El Glaoui, forma part del seu seguici.

—Són fora tots dos, doncs?

—Sí. És un cop dur per a ells, s'han quedat sense diners. S'han hagut d'endeutar. Però la cosa no durarà gaire. El Glaoui ja ha intentat separar-los uns quants cops. Però el fill sempre torna. No ho suporta, no pot viure sense el marit de la Ginette. Passades unes setmanes torna a aparèixer i el seu pare cedeix.

—Tot s'arreglarà, doncs.

—Sí, tot tornarà a lloc, tot plegat no és gaire greu. Ara ell està una mica enfadat amb la Ginette, això és tot. Mentrestant mira de trobar algú. Per això va parlar amb vostè. Diuen que vostè és molt ric. Al principi va pensar en ell mateix, però jo li vaig dir que no hi tenia res a fer. Em sembla que és massa bona persona per a un home com ell. I què me'n diu, de la Ginette? Li agrada?

Començava a entendre que la meva presumpta fortuna m'havia jugat una mala passada. Però en una cosa era injust amb Madame Mignon.

—Algú se l'hauria d'emportar d'aquí —va afegir—. No doni diners a l'home de la Ginette. Se'n van tal com venen, i la pobra noia no en treu ni cinc. No estalviarà mai res al seu costat. L'hi pren tot, ell. Endugui-se-la d'aquí. Ella m'ha dit que, si vostè vol, està disposada a acompanyar-lo. Ell no se'n pot anar. Al capdavall forma part del seguici del fill d'El Glaoui i no pot desaparèixer així com així. No li donarien el passaport. Em sap tant greu per la noia! Cada dia fa més mala cara. L'hauria hagut de veure fa un any, estava fresca com una rosa. Necessita que la tractin bé i dur una vida endreçada. Ben mirat, és anglesa, com el seu pare, és clar. I és tan afectuosa, gairebé costa de creure. Vostè l'hauria pres per una anglesa?

—No —vaig contestar—. O potser sí. Potser hauria pensat que és anglesa per la seva finor.

—Ja ho pot ben dir —va fer Madame Mignon—. És tota fina, com una anglesa. A mi personalment no m'agraden els anglesos. Són massa tranquils. Fixi's en els seus amics! Passen la nit aquí, set o vuit a la mateixa taula, i no se sent volar ni piu. Em fa mala espina. No se sap mai si entre ells s'hi amaga un assassí sàdic. Ara, comparat amb els americans... No els puc ni veure, aquests. Són uns bàrbars. Ha vist mai la meva porra? —La va treure de darrere la barra i la va brandar unes quantes vegades—. La tinc només per als americans. M'ha fet servei més d'un cop, l'hi ben juro!

L'INVISIBLE

Al capvespre anava a la gran plaça del centre de la ciutat, i el que hi buscava no eren el colorit ni la vivesa, que coneixia prou bé; hi buscava, a terra, un petit farcell marró que no tenia ni veu, fet d'un únic so. Era un profund, prolongat i brunzent «a-a-a-a-a-a-a-a». No disminuïa ni augmentava gens, però no cessava mai, i era perceptible en tot moment darrere els crits i les veus de la plaça. Era el so més invariable de Jemaa el-Fna, un so que al llarg de tot un vespre i d'un vespre a l'altre es mantenia sempre igual.

Des de lluny ja parava l'orella. M'hi empenyia una mena d'inquietud que no sabria explicar correctament. Hauria anat a la plaça de totes maneres, m'hi atreien moltes coses; i no dubtava mai que l'hi tornaria a trobar amb tot el que li era propi. Només aquella veu, reduïda a un únic so, em feia sentir un cert temor. Es trobava al límit del que vivia; la vida que l'originava consistia només en aquest so. Jo escoltava amb avidesa i recel, i llavors arribava a un punt del camí, sempre el mateix, on de sobte sentia, com el brunzit d'un insecte: «a-a-a-a-a-a-a-a».

Sentia que una mena de calma inexplicable s'estenia pel meu cos, i si fins aleshores el meu pas havia sigut una mica vacil·lant i insegur, ara em dirigia amb una fermesa inaudita cap a la veu. Sabia d'on venia. Coneixia el petit farcell marró de terra, del qual no havia vist altra cosa que un tros de roba basta i fosca. No havia vist mai la boca que emetia l'«a-a-a-a-a»; ni els ulls; ni les galtes; cap part de la cara. No hauria sabut dir si aquesta cara era la d'un cec o si hi veia. La roba marró i bruta era com una caputxa tirada sobre el cap i ho cobria tot. La criatura —devia serne una— seia ajupida a terra amb l'esquena corbada sota la roba. Era un ser molt petit, semblava lleuger i dèbil, això era tot el que se'n podia endevinar. No sabia si era gaire alt, perquè mai no el vaig veure dret. El que hi havia a terra estava tan arraulit que la gent hi hauria ensopegat sense voler si el so s'hagués interromput. No el vaig veure mai arribar, no el vaig veure mai anar-se'n; no sé si algú el portava allà i l'hi deixava o si hi anava caminant.

El lloc que havia triat no era gens protegit. Era la part més oberta de la plaça, un anar i venir incessant al voltant del pilonet marró. Els vespres de més animació desapareixia entre les cames de la multitud i, tot i que jo sabia exactament on era i continuava sentint-ne la veu, em costava de trobar-lo. Però després la gent es dispersava i ell restava al seu lloc quan tota la plaça s'havia buidat. Llavors quedava sumit en la foscor com una peça de vestir vella i molt bruta de la qual algú s'hagués volgut desprendre i que hagués deixat caure dissimuladament entre la gernació per no fer-se veure. Però per fi la gent s'havia dispersat i el farcell estava tot sol. No vaig esperar mai que s'aixequés o que algú vingués a buscar-lo. M'esmunyia per la foscor amb una sensació sufocant d'impotència i orgull.

La impotència era per mi mateix: sentia que no faria mai res per descobrir el secret del farcell. El seu aspecte m'infonia temor; i com que no n'hi podia donar un altre, el deixava a terra. Quan m'hi acostava, procurava no entrebancar-m'hi, com si pogués ferir-lo i posar-lo en perill. Cada vespre era a la plaça, cada vespre em feia un salt el cor quan de primer en percebia el so, i em feia un altre salt quan després el veia. El camí per on ell anava i venia m'era encara més sagrat que el meu. No el vaig seguir mai, i no sé on es ficava la resta de la nit i l'endemà. Era un ser especial i potser ell mateix ho sabia. A vegades sentia la temptació de tocar molt delicadament la caputxa marró amb un dit —ho havia de notar, i potser tenia un altre so amb què m'hauria respost. Però aquesta temptació es dissolia tot seguit en la meva impotència.

He dit que, quan m'escapolia, m'assaltava una altra sensació: l'orgull. Em sentia orgullós del farcell perquè estava viu. No sabré mai què pensava mentre respirava entre les cames de tota aquella gent. El significat del seu crit m'era tan obscur com tota la seva existència. Però estava viu, i cada dia a la mateixa hora tornava a ser al seu lloc. No vaig veure mai que agafés les monedes que li llançaven; n'hi llançaven poques, a terra no s'hi veien mai més de dues o tres monedes. Potser no tenia braços per collir les monedes. Potser no tenia llengua per formar la *l* d'*Al·là* i el nom de Déu quedava reduït a aquell «a-a-a-a-a». Però estava viu, i amb un zel i una fermesa inigualables emetia el seu únic so, hores i hores, fins que es convertia en l'únic so de tota la plaça immensa, el so que sobrevivia a tots els altres sons.

ÍNDEX

FLÂNEUR.

Aquesta impressió,
primera de *Les veus de Marràqueix*,
d'Elias Canetti,
s'ha acabat d'enllestir a Anglès
el mes de febrer de 2022.

We were the last romantics - chose for theme
Traditional sanctity and loveliness.

ISBN: 978-84-09-37969-9
Dipòsit legal: B 20310-2021